Buch

In diesem Buch werden Ihnen Blumen und Blüten, die Köstlichkeiten aus Garten, Feld und Wiese einmal ganz anders serviert – für Ihren Gaumen! Für die Zubereitung wohlschmeckender Speisen und erlesener Getränke aus Blumen und Blüten hat die Verfasserin mehr als zweihundert Rezepte zusammengetragen. Mit Hilfe ihrer einfachen Anleitungen können Sie exklusive Vorspeisen, Suppen und Soßen, köstliche Salate, Gelees und Marmeladen, Getränke wie Tees, Weine, Liköre und Schnäpse selbst zubereiten. Mehr als sechzig unterschiedliche Pflanzen sind in diesem mit Holzschnitten und anderen Abbildungen ausgestatteten Buch vertreten. Die Rezepte werden von zahlreichen kulturgeschichtlich interessanten Berichten und amüsanten Anekdoten begleitet. Eine Freude für jeden, der seinen Speiseplan auf exotische Weise bereichern möchte.

Autorin

Marie Luise Kreuter, geboren 1937 in Köln, studierte Völkerkunde und Vor- und Frühgeschichte. Sie ist durch den großen Erfolg ihres Buches »Der Biogarten« berühmt geworden, ist Mitherausgeberin der Zeitschrift »kraut & rüben« und arbeitet darüber hinaus als freie Journalistin und Schriftstellerin.

Marie Luise Kreuter

Rezepte aus dem Blumengarten

Gaumenfreuden der Natur

GOLDMANN VERLAG

Der Goldmann Verlag ist ein Unternehmen der
Verlagsgruppe Bertelsmann

Made in Germany · 4/90 · 1. Auflage
Genehmigte Taschenbuchausgabe
© 1976 by Ariston Verlag, Genf
Umschlaggestaltung: Design Team, München
Umschlagfoto: U. Mayer-Raichle, Kempten
Satz: Uhl+Massopust, Aalen
Druck: Presse-Druck, Augsburg
Verlagsnummer: 13511
Lektorat: Diane von Weltzien
Herstellung: Sebastian Strohmaier
ISBN 3-442-13511-7

Inhalt

Zum Geleit 9

I. Blumen, die man essen kann

Der Blütenreigen der Köstlichkeiten 15

Rosen. 15
Römischer Rosen-Pudding · Rosen-Gelee · Rosen-Bonbons ·
Rosen-Brötchen · Rosen-Brandy auf englische Art · Rosen-
Konfekt · Rosen-Konfitüre auf türkische Art · Rosen-Konserve ·
Rosen-Creme · Rosen-Eis · Rosen-Gelee zum Aufbewahren ·
Englischer Rosen-Grieß · Russische Rosen-Grütze · Rosen-Mar-
melade auf russische Art · Rosen-Marmelade auf türkische Art ·
Rosen-Pudding · Rosen-Saft oder Rosen-Sirup · Rosen-Saft zum
Aufbewahren auf andere Art · Rosen-Törtchen · Französische
Rosen-Creme · Rosen-Honig

Veilchen 31
Veilchen-Konserve · Gestürzte Veilchen-Creme · Veilchen-Eis ·
Veilchen-Gelee · Veilchen-Limonade · Veilchen-Saft oder Veil-
chen-Sirup · Französische Veilchen-Paste · Veilchen-Eis · Veil-
chen-Torte · Getrocknete Veilchenblütenblätter · Veilchenblüten-
Marmelade · Veilchen-Gebäck

Orangenblüten 39
Orangenblüten-Rezepte · Orangenblüten-Auflauf · Kandierte
Orangenblüten oder Orangenblüten-Pralinen · Orangenblüten-
Creme · Eingemachte Orangenblüten · Orangenblüten-Eis ·
Orangenblüten-Gelee · Orangenblüten-Marmelade · Orangen-
blüten-Paste · Orangenblüten-Saft oder -Sirup · Orangenblüten-
Tee · Orangenblüten-Zucker · Orangenblüten-Creme

Magnolie 47
Chinesisches Magnolien-Rezept

Jasmin 49
Jasmin-Paste · Jasminblüten-Tee

Dahlienblüten 51
Dahlienblüten-Salat · Dahlienblüten-Sirup

Chrysanthemen 53
Krapfen aus Chrysanthemenblüten · Chrysanthemen-Salat · Gemischter Chrysanthemenblüten-Salat · Japanischer Chrysanthemenblüten-Salat

Vorspeisen – Salate – Omeletten 57
Artischocken · Silberdisteln · Überbackene Rhabarberblüten · Gänseblümchen-Salat · Kapuzinerkresse-Salat · Dahlienblüten-Salat · Bohnensalat mit Veilchen · Sonnenblumen-Salat · Chrysanthemen-Salat mit Ananas · Akazienblüten-Krapfen · Holunderblüten-Krapfen · Holunderblüten-Omeletten · Omeletten-Auflauf mit Orangenblüten

Soßen und Suppen 68
Das Soßenrezept · Malven-Suppe · Gerstensuppe mit Malvenblüten · Fleischbrühe mit Königskerzenblüten · Rosenblüten-Suppe · Holundermilch-Kaltschale · Orangenblüten-Soße · Ysopblüten-Soße

II. Blumen, die man trinken kann

Weine und Liköre 77
Rosen-Likör · Rosenblüten-Brandy auf englische Art · Orangenblüten-Likör · Danziger Goldwasser · Johanniskraut-Schnaps · Himmelsschlüssel-Likör · Maiwein · Waldmeister-Bowle · Rosen-Bowle · Weinblüten-Bowle · Veilchen-Bowle · Reseda-Bowle · Englischer Löwenzahn-Wein · Borretschblüten-Wein · Thymian-Wein · Magenbitter aus Tausendgüldenkraut · Wermut-Wein

Blütentees.................. 94

Klatschmohn-Tee · Holunderblüten-Tee · Labkraut-Tee · Königskerzen-Tee · Heidekrautblüten-Tee · Lavendelblüten-Tee · Lindenblüten-Tee · Mädesüß-Tee · Schlüsselblumen-Tee · Johanniskraut-Tee · Arnikablüten-Tee · Kleeblüten-Tee · Kamillenblüten-Tee · Huflattichblüten-Tee · Thymianblüten-Tee · Ginsterblüten-Tee · Weißdornblüten-Tee · Wegwartenblüten-Tee · Waldmeisterblüten-Tee · Tausendgüldenkraut-Tee · Taubnessel-Tee · Stiefmütterchenblüten-Tee · Schöllkraut-Tee · Ritterspornblüten-Tee · Schafgarbenblüten-Tee · Ringelblumenblüten-Tee · Veilchenblüten-Tee · Malvenblüten-Tee

III. Mit Blumen und Blüten tausend Wunder

Eßbare Dekorationen für kalte und warme Platten... 139

Essig und Öle.................. 149

Veilchen-Essig · Rosen-Essig · Wermut-Öl · Johanniskraut-Öl · Lilien-Öl · Borretschblüten-Öl · Lavendelblüten-Öl

Alkoholauszüge.................. 162

Arnikageist · Wegwartengeist · Akeleiengeist

Gezuckerte Blüten................. 165

Verzuckerte Rosenblätter · Verzuckerte Veilchenblüten · Verzuckerte Orangenblüten · Verzuckerte Borretschblüten · Verzuckerte Wegwartenblüten · Konservenzucker von Wermut

IV. Exotische Blüten aus weiter Ferne

Hätten Sie's gewußt?.............. 173

Nelkenblüten · Kapernknospen · Muskatblüten · Zimtblüten · Safranblüten

V. Floras goldene Tränen

Aus dem Herzen der Blumen die Götterspeise
Nektar und Ambrosia 183
   Blütenhonig-Getränke 188

     Milch und Honig · Honig-Ei-Milch · Honig-Sahne mit Pfiff ·
     Kalte Honig-Milch · Honig-Glühwein · Honig mit Linden-
     blüten-Tee · Honig-Kaffee · Honig-Limonade

VI. Vor diesen Blüten müssen Sie sich hüten

Giftige Blumen 193
     Eisenhut · Roter Fingerhut · Maiglöckchen · Herbstzeitlose ·
     Rainfarn · Christrose · Schierling · Goldregen · Oleander · Seidelbast

VII. Unvergänglicher Duftzauber

Unsterbliches Blüten-Seelchen 215
Potpourri 218

Zum Geleit

Das kleine Mädchen Melissa liebte die Sonntagnachmittage bei dem Onkel, der fern von den Menschen am Rand der Stadt lebte – einsam und sehr heiter. Es durfte ganz allein bei ihm bleiben und überall im Haus herumgehen, das sehr still war und doch seltsam lebendig.

Hinter dem Haus lag – von Mauern und Efeu umgeben – ein kleiner, duftender, bunter Garten.

An einem warmen Sommersonntagnachmittag war der alte Onkel ein wenig eingeschlafen. Melissa spazierte durch das Gärtchen; sie spürte die Wärme auf ihrer Haut, der Duft der weißen Nelken schwebte an ihr vorüber, und sie begann leise mit den Blumen zu sprechen – den einzigen Wesen, die ihr Gesellschaft leisteten.

»Ich habe Hunger«, sagte sie, »aber der Onkel schläft noch, ich will ihn nicht stören.«

Melissa setzte sich zwischen die wilden Wiesenblumen am Zaun. Die weißen Taubnesseln und der rote Klee wiegten sich neben ihr. Das kleine Mädchen zupfte wie träumend eine Blüte aus der Taubnessel und nahm sie zwischen die Lippen. Es spürte ein winziges Tröpfchen Süßigkeit auf der Zunge und lächelte. »Schmeckst du auch so gut?« fragte es den roten Klee und pflückte einen Blütenstengel ab. Dann wanderte es weiter durch den warmen verwunschenen Garten, zupfte ab und zu ein Kleeblütchen aus der rosaroten Kugel und saugte seine Honigsüße heraus.

Vor einem Rosenstrauch blieb Melissa stehen. Eine seidengelbe Blüte – hundertfach mit zarten Blättchen gefüllt – strahlte sie an. Sie neigte ihr Gesichtchen ganz nah zu der Rose, berührte mit ihrer Haut die feine Blütenhaut und atmete den zauberischen Duft ein. Wie von selbst prüfte ihre Zungenspitze den zarten Schmelz der Rosenblättchen. Behutsam zupfte sie eines mit den Lippen heraus und schmeckte die fremde Köstlichkeit.

Da stand plötzlich der alte Onkel neben Melissa. Zuerst erschrak sie ein wenig in ihrem duftenden Traum, aber dann sah sie, wie der Onkel lächelte.

»Mein kleines Mädchen findet ganz allein die alten Wege«, sagte er leise. Dann nahm er es an der Hand, ging mit ihm in das kühle, stille Haus und holte ein großes Honigglas aus dem Schrank.

»Siehst du, das ist die wunderbarste Nahrung, die die Blumen uns schenken«, erzählte er. »Schau, wie golden und kostbar er leuchtet. In alten Zeiten durften nur die Götter davon essen, aber jetzt kann man ihn in Gläsern kaufen. Du darfst soviel du möchtest davon nehmen, damit du nicht mehr hungrig bist.«

Die kleine Melissa aber konnte diesen warmen verwunschenen Gartennachmittag nie vergessen. Und als das kleine Mädchen ein großes Mädchen geworden war, entdeckte es immer mehr eßbare Blumenwunder: kandierte Veilchen und Rosen-Gelee, Holunderblüten-Omeletts und Jasminblüten-Tee.

Es erfuhr, daß das Geheimnis, das es im Garten des Onkels entdeckt hatte, schon sehr alt war. Ägypter und Perser, Chinesen und Inder, Griechen und Römer hatten schon reiches Wissen gesammelt über die Kräfte der Blüten, die die Menschen essen und trinken können. Nachdem ihre Aufmerksamkeit wach geworden war, ging sie nicht mehr achtlos vorüber an den ausgebreiteten Schätzen.

Viele köstliche Blütenrezepte häuften sich in Melissas Haus an, und sie verschenkte sie mit offenen Händen weiter an alle, die den Wunsch verspürten, die stille Welt der Blumen auf neue alte Weise auszukosten. Und manchmal gab sie jemandem außer den Rezepten noch ein paar Zeilen des Dichters Eichendorff mit auf den Weg:

> »Schläft ein Lied in allen Dingen,
> die da träumen fort und fort,
> und die Welt hebt an zu singen,
> triffst du nur das Zauberwort.«

I.
Blumen, die man essen kann

Der Blütenreigen der Köstlichkeiten

ROSEN

Goethe bekannte: »Ich liebe die Rose als das Vollkommenste, was unsere Natur als Blume gewähren kann.« Er ließ sein Gartenhaus in Weimar ganz mit Rosen beranken und zog sich oft zurück in die duftende Stille, die er hinter dieser Abschirmung fand.

Weit zurück in die Dämmerung vergangener Jahrtausende reicht die Liebe der Menschen zu den Rosen. Menschen und Blumenwesen begegneten einander immer wieder auf verschlungenen Wegen.

In chinesischen und persischen Kaisergärten blühten Rosen schon vor der Zeitwende.

Die Priesterinnen der Aphrodite trugen weiße Rosenkränze im Haar.

Die Römer verliehen ihren Kriegshelden Rosengebinde anstelle von Orden. Kein Fest wurde im alten Rom gefeiert ohne üppige Rosendekoration.

Bei Neros Gelagen regnete es Rosenblätter auf die Gäste, und Kleopatra von Ägypten ruhte auf einem Lager, dessen Matratzen und Kissen mit Rosenblättern gefüllt waren. Man trank Rosenwein und füllte duftendes Rosenwasser in die Springbrunnen.

Jahrhunderte später wanderten die Rosen immer weiter nach Norden. Sie wurden heimisch in den Klostergärten des Mittelalters und in den Burggärtchen der Rittersfrauen. Sie glühten in allen fürstlichen Parkanlagen der Renaissance, des Barocks und der Romantik.

An die sinnenfrohen Genüsse der Antike anknüpfend, riefen die Franzosen in Nîmes noch im vorigen Jahrhundert ihre Freudenmädchen »Rosen«!

Rosen blühten unentwegt durch die Jahrtausende. Menschen banden sie zu Kränzen und Sträußen, machten sie unsterblich in der Poesie und Kunst, trockneten sie, destillierten sie, verehrten sie, füllten sie in Kissen, traten sie mit Füßen.

Die Römer umkränzten ihre Trinkschalen mit Rosen und streuten Rosenblättchen in den Wein.

Niemand vermag zu sagen,
woher die Rose kam
in wilden Vorzeittagen.
Walter de la Mare

Rose, o reiner Widerspruch, Lust,
Niemandes Schlaf zu sein unter soviel Lidern.
Rainer Maria Rilke

Ich habe Brot gekauft
und habe rote Rosen
geschenkt bekommen:
wie glücklich bin ich,
beides in meinen Händen zu halten!
Kitaisara Hakushu

Römischer Rosenpudding
(Ein antikes Originalrezept)

Rosenblätter werden in einem Mörser zerrieben, durch ein Sieb gepreßt, dazu kommen vier Kalbshirne, Pfeffer, Salz, acht Eier, eineinhalb Gläser guten Weines und ein paar Löffel Öl. Diese Masse wird gut verrührt und dann in eine mit Öl ausgestrichene Puddingform gefüllt und im Ofen gebacken.

*

Noch im vorigen Jahrhundert waren Rosenblüten als Delikatessen allgemein bekannt und beliebt. Versuchen Sie einmal die Küchenkünste unserer Urgroßmütter nachzumachen. Sie müssen sich etwas Zeit dafür nehmen, aber Sie werden sicher ungeahnte Erfolge erzielen.

Rosen-Gelee
(Ein Originalrezept von 1878)

»Man thut einen halben Eßlöffel voll Eiweiß in ein sauberes Casserol, schlägt es mit einer Gabel, bis es weiß und schaumig zu werden beginnt, gießt ⅜ l frisches Wasser zu und legt 375 g in Stücke geschlagenen Raffinadezucker hinein; nachdem man alles gut umgerührt hat, stellt man das Casserol auf einen Dreifuß über offenes Feuer und bringt den Zucker zum Kochen; sobald er aufsteigt, gießt man drei Eßlöffel kaltes Wasser hinein und wiederholt dies noch dreimal bei dem jedesmaligen Aufwallen. Dann nimmt man das Casserol vom Feuer, stellt es auf den Herd, schöpft den Schaum rein ab, seiht den Zuckersyrup durch eine gebrühte Serviette und gießt ihn, noch möglichst heiß, in eine Porzellanterrine über die sorgsam ausgelesenen Blätter von 20 bis 24 frisch gepflückten Centifolien, fügt einige Tropfen Cochenilletinctur bei und deckt die Terrine fest zu. Nach Verlauf von eineinhalb Stunden, wenn der Zucker völlig ausgekühlt ist, filtriert man ihn durch ein Haarsieb, vermischt ihn mit einem Weinglas voll Rosenwasser, ebensoviel Kirschwasser und dem Saft von einer Zitrone sowie 45 g aufgelöster, durchgeseihter Hausenblase, füllt alles in eine in Eis eingegrabene Form und läßt das Gelee erstarren.

Beim Anrichten wird die Form aus dem Eis genommen, in lauwarmes Wasser getaucht und rasch abgetrocknet, worauf man eine Krystallschale darüberlegt, die Form in dieselbe umstürzt und langsam abhebt. – In Ermangelung frischer Rosenblätter löst man 50 g Hausenblase in ½ l Wasser, filtriert den Stand, vermischt ihn mit ¼ l vom besten doppelten Rosenwasser, dem geklärten Saft von sechs Zitronen, ½ l feinem Rheinwein und 375 g geläutertem, ausgekühltem Zucker nebst einigen Tropfen Cochenilletinctur, seiht das Gelee nochmals durch, gießt es in die Form und läßt es auf Eis erstarren.«

Sie können Rosen-Gelee auch auf einem normalen Elektroherd zubereiten. Anstelle des »Casserols« nehmen Sie einen modernen Kochtopf. Den Zucker brauchen Sie nicht in Stücke zu schlagen, weil sie ihn heute überall gemahlen kaufen können.

»Centifolien« sind auch heute noch als Zentifolien bekannt, d. h. »hundertblättrige« Rosen.

»Cochenilletinctur« – ein natürliches Färbemittel, das aus Cochen-Schildläusen hergestellt wurde – gibt es heute nicht mehr. Nehmen Sie statt dessen Malvenblütentee, wenn Sie unbedingt färben möchten.

Statt Urgroßmutters »Hausenblase« verwenden Sie heutzutage Gelatine. Hausenblase war ein Fischleim, der aus der inneren Blasenhaut des Störs gewonnen wurde.

Auf die früher üblichen Eisblöcke, in die »eine Form gegraben« wurde, sind Sie nicht mehr angewiesen. Das Gefrierfach Ihres Kühlschrankes ist für den Kälteschock bestens geeignet.

»Geläuterter Zucker« bedeutet ganz einfach, daß Sie Zucker erhitzen und dadurch weich machen.

*

Sie sehen – auch in vergangenen Jahrhunderten gab es allerlei Küchenzauber. Was dabei heraus- und auf den Tisch des Hauses kam, waren keine Hexereien, sondern delikate Spezialitäten.

Auch die folgenden Rezepte stammen aus dem vorigen Jahrhundert. Sie sind aber auf moderne Verhältnisse abgestimmt.

Rosen-Bonbons

½ kg Zucker wird mit feinem konzentriertem Rosenwasser begossen und aufgekocht. Wenn Sie möchten, können Sie die Masse mit Malvenblütentee rot oder rosa färben. Dann wird alles auf eine mit Mandelöl abgeriebene eiskalte Platte gegossen, wo man den Zucker auseinanderlaufen läßt, mit einem schmalen, langen, in Mandelöl getauchten Messer kreuzweise durchschneidet und zum Erkalten beiseite stellt. Später bricht man die Bonbons auseinander und wickelt sie in Papier.

Rosen-Brötchen

Bei trockenem, sonnigem Wetter gepflückte, sehr gut verlesene Rosenblätter (nur die Blütenblätter der Zentifolien eignen sich hierzu) werden gleich frisch gehackt; zu 250 g Rosenblättern nimmt man drei Eidotter und 125 g feinstes Mehl, dazu eine Prise Salz und einen Löffel Zucker. Kneten Sie den Teig tüchtig durcheinander und geben Sie nach und nach noch etwas Mehl hinzu. Formen Sie dann daraus kleine, ziemlich dicke Brötchen von der Größe gewöhnlicher Makronen und lassen Sie sie an der Sonne oder im lauwarmen Ofen ganz hart trocknen. Diese harten, getrockneten Rosenbrötchen werden später auf einer Küchenreibe gerieben und als würzige Zutat an Milch- oder Rahmsoßen oder über süße Suppen gestreut.

Rosen-Brandy auf englische Art

Eine saubere Glasflasche wird gerüttelt voll mit frisch gepflückten, gut verlesenen Rosenblütenblättern angefüllt und dann mit feinstem französischem Brandy (Cognac) übergossen. Man nimmt soviel Cognac, wie die Flasche faßt. Dann wird die Flasche schnell verkorkt und zwei bis drei Wochen an die Sonne gestellt. Man benutzt diesen Brandy, um Backwerk und Mehlspeisen einen feinen Beigeschmack zu geben.

Rosen-Konfekt

Frisch aufgeblühte Zentifolien werden abgeschnitten, so daß nur ein kurzes Stück Stiel daran bleibt; dann untersucht man sie sorgfältig, ob sich kein Ungeziefer mehr darin befindet, spült sie flüchtig in frischem Wasser ab und trocknet sie dann wieder im Schatten. Inzwischen löst man Süßholzpulver in Rosenwasser auf und verrührt beides so lange über schwachem Feuer, bis die Lösung wie ein dünner Sirup aussieht, den man zum Auskühlen beiseite stellt. Jede Rose wird nun in die noch lauwarme Flüssigkeit getaucht und überall gleichmäßig damit benetzt, worauf man sie etwas abschüttelt, mit dem Stiel nach unten auf eine Schüssel legt, mit feinstem Staubzucker überstreut und in die Sonne stellt. Der durch die Sonnenwärme geschmolzene Zucker dringt in die Rosenblätter ein und kandiert sie, so daß die Rosen ein sehr hübsch aussehendes Konfekt bilden, das sich an einem kühlen, trockenen Ort gut aufbewahren läßt und zur Verzierung von Torten, Cremes, Gelees und dergleichen verwendet wird.

Rosen-Konfitüre auf türkische Art

Von ½ kg frisch gepflückten Zentifolienblättern schneidet man mit der Schere die unteren weißen Spitzen ab, die man wegwirft, schüttet die übrigen Teile mit 1¼ kg Zucker in eine Schüssel und knetet Rosenblätter und Zucker zu einem dicken Brei oder Teig, den man in Gläser füllt. Die Gläser stellt man ins Freie an eine Stelle, wo die Sonne möglichst heiß scheint, verschließt sie bei Sonnenuntergang mit einem Deckel und stellt sie über Nacht in die Küche. Am folgenden Tag nimmt man den Deckel wieder ab, setzt die Gläser aufs neue der Sonne aus und fährt vier Wochen lang damit fort, indem man stets gegen Abend die Konfitüre zudeckt und ins Zimmer stellt, bis die Oberfläche förmlich kristallisiert aussieht. Man ißt dieses ganz vorzügliche Eingemachte in der Türkei als Nachtisch, nach dem Kaffee oder zu jeder beliebigen Tageszeit.

Rosen-Konserve

Man erwärmt 250 g Zucker mit einer knappen Tasse Wasser, schäumt ihn gut ab, gießt einige Löffel konzentriertes Rosenwasser zu, läßt den Zucker damit kochen, bis er Fäden zieht, färbt ihn mit ein wenig Malvenblütentee schön rosenrot und gießt ihn in flache, mit Mandelöl ausgeriebene Blechformen aus, wo man die Konserve erstarren läßt.

Rosen-Creme

Bringen Sie ungefähr ½ l frische Sahne zum Kochen und werfen Sie dann zwei Hände voll frisch gepflückte, verlesene Rosenblätter hinein. Dann wird der Topf fest zugedeckt und vom Feuer genommen, um die Sahne langsam abkühlen zu lassen. Wenn sie abgekühlt ist, schlägt man acht Eidotter mit 200 g Zucker zu Schaum und gießt nach und nach unter ständigem Umrühren die durchgesiebte und ausgekühlte Sahne hinzu und schlägt davon über schwachem Feuer eine dickschaumige Creme, die aber nicht kochen darf. (Sie können selbstverständlich dazu Ihren Rührmixer benutzen.) Man setzt das Schlagen fort, bis die Creme ziemlich ausgekühlt ist, fügt 24 g aufgelöste Gelatine hinzu, stellt das Gefäß auf eine eiskalte Schüssel (oder auch in eine Schüssel mit Eiswasser), verrührt die Gelatine gut mit der Creme und zieht zuletzt noch ½ bis ¾ l Schlagsahne darunter. Dann füllt man die Masse in eine Form und läßt sie im Kühlschrank erstarren. Später stürzt man die Form beim Anrichten auf eine passende Schale, nachdem man sie flüchtig in heißes Wassser getaucht hat.

Man kann Rosen-Creme auch so zubereiten: ½ l Sahne wird aufgekocht und vom Feuer genommen und mit ein paar

Tropfen Rosenessenz und Färbemittel vermischt; dann schlägt man 18 bis 20 Eidotter in eine tiefe Schüssel und quirlt sie kräftig durcheinander, indem man 200 g Zucker damit verrührt. Dann gießt man nach und nach die Sahne dazu, siebt das Ganze durch ein feines Haarsieb und schlägt die Mischung bei schwacher Hitze zu einer dickschaumigen Creme, die man bis zum Auskühlen weiterschlägt und in eine Schale oder gleich in Cremebecher füllt und serviert.

Rosen-Eis

Nachdem man 1 l Sahne mit zwölf Eidottern durcheinandergequirlt hat, erwärmt man in einem Topf 250 g Zucker, über den man die abgeriebene Schale einer Zitrone streut. Man schäumt den Zucker ab und kocht ihn, bis er Fäden zieht. Wenn er wieder abgekühlt ist, mischt man den ganzen Eierrahm darunter und schlägt das Ganze bei schwacher Hitze zu einer dicken Creme, streicht diese durch ein Haarsieb und läßt sie unter dauerndem Rühren erkalten, mischt drei Tropfen echtes Rosenöl oder Rosenessenz und ein wenig Malventee zum Färben darunter und füllt diese Mischung in Gefäße, die man anschließend in das Gefrierfach des Kühlschranks oder in einen Gefrierschrank stellt.

Rosen-Gelee zum Aufbewahren

Aus reifen Äpfeln bereitet man ein klares Apfel-Gelee, indem man die Früchte ungeschält in Viertel zerschneidet und in einen Kessel füllt. Dann gießt man so viel kaltes Wasser darüber, daß es fünf bis sechs Zentimeter hoch über den Äpfeln steht. Dann läßt man die Äpfel völlig zerkochen und preßt die breiartige Masse durch ein Leinentuch. Zu jedem Kilogramm durchgelaufenem Saft nimmt man ½ kg Zucker oder Gelierzucker, kocht beides unter fleißigem Abschäumen und Umrühren, bis ein auf einen Teller gesetzter Tropfen stehenbleibt und zu Gelee erstarrt. Dann mischt man noch etwas konzentriertes Rosenwasser und etwas Malventee zum Färben darunter und füllt das Gelee in Gläser, die man mit Einmachhaut verschließt und zubindet. Dieses Rosen-Gelee ist lange haltbar und wird an einem kühlen Ort, am besten im Keller, aufbewahrt.

Englischer Rosen-Grieß

Zeitig am Morgen pflückt man an sonnigen, trockenen Tagen Zentifolien oder andere stark duftende Rosen, die eben aufblühen, beseitigt die Kelche, spült die Blütenblätter in frischem Wasser ab, läßt das Wasser auf einem Sieb ablaufen, zerreibt sie dann in einem Porzellanmörser oder in einer Schüssel so fein wie möglich, überstreut sie mit feinem Weizenmehl und knetet einen festen Teig daraus, den man dann auf einem Brett sehr dünn aufrollt und im lauwarmen Backofen trocknet. Man zerstößt den noch warmen Teigkuchen im Mörser oder in einer Schüssel, siebt das Gestoßene durch und hebt es in Schraubgläsern auf, um es zu sehr wohlschmeckenden Aufläufen, Puddings, Backwerk und Suppen zu verwenden oder Milchbrei daraus zu kochen.

Russische Rosen-Grütze

Auch in Rußland pflegt man Rosen-Grütze herzustellen, indem man frisch gesammelte Rosenblätter, von denen die weißen Spitzen abgeschnitten werden, im Mörser zerstößt, dann in einer Schüssel mit etwas Eiweiß und Kartoffelmehl zu einem festen Teig verrührt, den man ordentlich durchknetet, aufrollt und mit dem Wiegemesser in kleine Stückchen zerhackt. Nachdem diese etwas angetrocknet sind, formt man sie mit den Fingern rund und glatt, läßt sie ganz trocken werden und bewahrt sie auf, um Milchbrei daraus zu kochen.

Rosen-Marmelade auf russische Art

Die Blumenblätter von frisch gepflückten Rosen werden sorgsam verlesen und untersucht, ob sich nicht Ungeziefer darin befindet. Dann schneidet man mit einer Schere die unteren weißen Blattspitzen ab. Die Blätter werden gewogen. Auf je ½ kg Rosenblätter kommt 1¼ kg feinster Zucker. Man legt nun die Rosenblätter in ein großes Sieb, übergießt sie mit kochendem Wasser und taucht dann ganz schnell das Sieb in ein großes Gefäß mit Eiswasser und rührt darin die Rosenblätter um. Dieses Überrühren mit kochendem Wasser und Abkühlen mit Eiswasser wiederholt man dreimal hintereinander, drückt dann das Wasser aus den Blättern und schüttet sie in eine Schüssel. Dann fügt man den Saft von zwei großen Zitronen und 250 g feinsten Zucker hinzu. Danach erwärmt man ein Kilo Zucker mit ½ l Rosenwasser, schäumt den Sirup gut ab, schüttet die Rosenblätter hinein und kocht sie bei geringer Hitze unter ständigem Umrühren dicklich ein. Sollte der Duft zu schwach sein, so fügt man noch ein bis zwei

Tropfen Rosenöl hinzu und füllt die Marmelade in Gläser oder in kleine Steinguttöpfe, die man nach dem Erkalten sorgfältig mit Einmachhaut zubindet. Die Rosen-Marmelade muß kühl aufbewahrt werden.

Rosen-Marmelade auf türkische Art

Wenn die Rosen in voller Blüte stehen, sammelt man für einen größeren Vorrat an Marmelade etwa 1 kg frische Rosenblätter, liest alle großen Blätter heraus, schneidet die weißen Endspitzen mit der Schere ab und wirft diese weißen Spitzen samt allen kleineren Blättern in einen Kessel, gießt ¾ l Wasser zu und kocht sie eine Weile aus. Dann wird das Wasser durch ein sauberes Baumwolltuch abgesiebt. Die Blätter werden ausgedrückt und weggeworfen. Das durchgesiebte Wasser stellt man mit 2 kg feinem Zucker wieder auf den Herd und kocht es unter ständigem Umrühren mit einem hölzernen Kochlöffel, bis der Zucker völlig aufgelöst ist. Man nimmt den Schaum ab, schüttet die großen Rosenblätter hinein und kocht sie unter dauerndem Umrühren zu einer dicklichen Marmelade, die geleeartig starr wird, sobald man einen Tropfen davon auf einen Teller fallen läßt. Nach dem Erkalten füllt man die Marmelade in kleine Steinguttöpfe, bindet sie mit Einmachhaut zu und hebt sie in einem kühlen Keller auf.

Rosen-Pudding

200 g frisch gepflückte duftende Rosenblätter werden verlesen, gewaschen und auf einem Brett mit einem scharfen Wiegemesser fein zerhackt. Dann vermischt man sie mit 200 g

zerstoßenem Zwieback, füllt sie in eine Schüssel, deckt sie zu und stellt sie beiseite. In der Zwischenzeit rührt man zehn bis zwölf Eidotter mit 200 g gestoßenem Zucker zu Schaum, mischt nach und nach ¼ l süße Sahne, die Rosenmasse aus der Schüssel, eine Prise Zimt und etwas Salz hinzu, zieht die zu steifem Schnee geschlagenen Eiweiße darunter, füllt alles in eine gebutterte, mit Zwieback ausgesiebte Form und kocht den Pudding eineinhalb Stunden im Wasserbad. Der Rosen-Pudding wird mit Wein- oder Vanillesoße serviert.

Rosen-Saft oder Rosen-Sirup

Ungefähr 2 l frische Rosenblätter werden in eine große Schüssel geschüttet. Dann preßt man den Saft einer Zitrone darauf und gießt ¼ l kochendes Wasser darüber. Danach wird die Schüssel fest zugedeckt oder zugebunden und bleibt so zwei Tage stehen. Dann wird der Rosen-Saft durch ein sauberes Leinentuch ausgepreßt und mit 250 g Zucker zur Hälfte eingekocht und in gut verschließbare Fläschchen abgefüllt. Diesen Rosen-Saft benutzt man, um sehr angenehm schmeckende Glasuren für Torten und kleineres Backwerk herzustellen.

Rosen-Saft zum Aufbewahren auf andere Art

Eine große Schüssel voll frisch gepflückter, von den gelblich-weißen Spitzen befreiter Rosenblätter übergießt man mit kochendem Wasser, deckt die Schüssel gut zu, läßt sie stehen, bis das Wasser ausgekühlt ist, und siebt die Flüssigkeit durch, wobei man die Blätter ein wenig ausdrückt. Dann füllt man noch einmal ebenso viele frische Rosenblätter in einen Kessel, übergießt sie mit dem soeben durchgesiebten und ausgepreßten Wasser und läßt sie bei schwacher Hitze kochen, bis die Rosenblätter gelblich werden. Dann schüttet man sie durch ein Sieb, läßt das Wasser ablaufen, preßt aber diesmal die Blätter nicht aus. Das Wasser filtriert man durch ein sauberes Leinentuch oder eine mehrfach zusammengelegte Serviette, kocht es mit reichlich Zucker (auf 1 l Wasser 1¼ kg Zucker) zu dicklichem Sirup und bewahrt diesen in kleinen Flaschen auf, um ihn zu Limonaden, kalten Puddings, Flammeris, Soßen usw. zu benutzen.

Man bereitet solchen Rosensaft häufig in Rußland, Griechenland, der Türkei und in Persien, wo man auch ein noch einfacheres Verfahren anwendet, indem man z. B. 750 g frische Rosenblätter in ein Gefäß mit knapp 1 l kochendem Wasser füllt, einmal aufkochen läßt, den Topf vom Feuer nimmt, fest zudeckt und zum Erkalten beiseite stellt. Dann siebt man das Wasser durch, bringt es mit 1½ kg feinem Zucker und einem schaumig geschlagenen Eiweiß zum Kochen, schäumt es ab, siebt es durch ein Tuch und füllt es in Flaschen.

Rosen-Törtchen

Nehmen Sie 160 g geschälte süße und 16 g bittere Mandeln; diese werden mit zwei bis drei Eiweißen sehr fein gestoßen. Dann vermischt man sie mit 280 g feinem Zucker und einer knappen Tasse voll Rosenwasser, zieht den steifen Schnee von sieben Eiweißen unter und fügt 26 g feines Mehl hinzu. Alles wird gut miteinander verrührt. Dann wird die Masse in kleine Blechformen gefüllt, die vorher mit dünn ausgerolltem Blätterteig ausgefüttert wurden. Nun wird Zucker darübergestreut. Die Rosen-Törtchen werden bei schwacher Hitze langsam hellbraun gebacken.

Französische Rosen-Creme

Kochen Sie 100 g duftender Rosenblätter zehn Minuten lang in ½ l Wasser. Die Flüssigkeit muß dann noch zehn Minuten ziehen und wird anschließend durch ein Sieb gegossen. Dieses Rosenwasser wird mit ½ l Schlagsahne verquirlt. Nun fügen Sie noch Zucker hinzu und kochen die Flüssigkeit wieder auf. Dann nehmen Sie sie vom Herd und geben sechs gut verrührte Eigelbe hinzu. Zum Schluß wird noch einmal alles gut miteinander verrührt und in Dessertschalen gefüllt.

Rosen-Honig

Geben Sie 100 g Rosenblüten in ½ l kochendes Wasser. Lassen Sie alles zehn Minuten ziehen. Dann schütten Sie die rosafarbene Flüssigkeit durch ein Sieb, fügen 600 bis 800 g Bienenhonig hinzu, verrühren das Ganze, bis sich die Flüssigkeit mit dem Honig ganz verbunden hat. Dann wird der Rosen-Honig in Einmachgläser oder andere Gefäße abgefüllt und gut verschlossen.

*

In allen Rosenblüten-Rezepten wird empfohlen, möglichst Zentifolienrosen zu verwenden. Sie können aber auch andere Rosensorten nehmen. Achten Sie aber darauf, daß es immer besonders stark duftende Rosen sind, weil nur sie das gewünschte feine Aroma entfalten können.

Titelblatt des *Gart der Gesundheit*
von Peter Schöffer, 1485.

VEILCHEN

Veilchen – die bescheidenen – decken den Waldboden mit einem Teppich zu und wachsen verborgen unter dem Gartengesträuch. Dennoch gehören sie zu den Vielgeliebten; ihre tiefblauen Frühlingsaugen, ihr Wohlgeruch und ihre heilsamen Kräfte bereiten uns mehr als nur Freude.

In Athen erhielten an einem bestimmten Frühlingstag alle Kinder, die älter als drei Jahre waren, einen Veilchenkranz. Dies war eine rührende Geste der Dankbarkeit für die Überlebenden, denn die Kindersterblichkeit der Antike war groß. Später war das Veilchen in ganz Europa ein Symbol der Unschuld.

Im galanten 18. Jahrhundert erreichten die kleinen duftenden Blumen eine ungeahnte Beliebtheit. Auch Joséphine Beauharnais trug einen Veilchenkranz zum Ballkleid, als Napoleon sich unsterblich in sie verliebte. Ein Leben lang schickte er ihr fortan Veilchenbuketts, selbst von den Schlachtfeldern – selbst noch nach der Scheidung.

Auf der Brust des toten Napoleon fand man eine goldene Kapsel mit zwei getrockneten Veilchen. Er hatte sie nach der Schlacht von Waterloo auf Joséphines Grab gepflückt.

Ein Rokokoherr ging sein Leben lang keiner anderen Beschäftigung nach als der, Veilchen zu züchten. Jeden Tag brachte er seiner Geliebten ein frisches Veilchensträußchen. Sie ließ keines der kostbaren Blümchen verkommen, brach jeden Abend alle Blütenköpfchen ab und kochte Veilchentee daraus.

Auch in den berühmten persischen Kaisergärten wuchs schon Viola, das Veilchen. Ein Getränk aus Veilchen wurde später das Lieblingsgetränk aller Mohammedaner, der Scherbet.

Die römischen Feinschmecker begeisterten sich dagegen für verzuckerte Veilchen und gebratene Veilchenblätter mit Zitronen- und Orangenscheiben.

Delikatessen aus Veilchen können Sie auch heute noch zubereiten – nach alten und neuen Rezepten.

Das Veilchen

Ein Veilchen auf der Wiese stand,
gebückt in sich und unbekannt;
es war ein herziges Veilchen.
Da kam eine junge Schäferin,
mit leichtem Schritt und munterm Sinn,
daher, daher,
die Wiese her, und sang.

Ach! Denkt das Veilchen, wär ich nur
die schönste Blume der Natur,
ach, nur ein kleines Weilchen,
bis mich das Liebchen abgepflückt,
und an dem Busen matt gedrückt!
Ach nur, ach nur,
ein Viertelstündchen lang!

Ach! Aber ach! Das Mädchen kam,
und nicht in acht das Veilchen nahm,
ertrat das arme Veilchen.
Es sank und starb und freut' sich noch:
und sterb ich denn, so sterb ich doch,
durch sie, durch sie,
zu ihren Füßen doch.
Johann Wolfgang von Goethe

Kreüterbüch.
Zame Violaten.

Violaten allerley.
Von dem Nammen.

Linius spricht / das die Violblům / nach der Roßen vnd Gilgen / etwan vor zeyten bey den Römeren die gröste eere vnnd preyß habe gehebt vor allen blümlin / vnnd sey darumb im Kryechischen ͜ genant / das zů der zeyt als Jupiter (nach poetischer deütung) die iungkfraw Jo / in ein ků verwädelt / dz erdtrich auß erber mbd diße blümlin zům ersten hat laßen wachßen ir zů einer speiß. Deßhalb auch in latin Viola / quasi Vitula genant.

Geschlecht vnd art.

Violaten werden vff fyererley erzelet vom Dioscor. als braune / gelbe / weiße / vnd hymmelfarb. Die braunen seind die gemeynen Violaten / die Gelben Gelb Violaten genant. Die anderen seind so wir Negelblůmen nennen / Garyophylli zů latin.

Gestalt der braunen / oder purpur Violaten.

Die braun Violat hat ein blatt dem Ephew gleich / doch minder / zärter / schwärtzer / vñ vß der wurtzelē gond kleine styelin / an welchen wachßen die blümlin. reücht wol / wie dañ yederman wol bewißt. Diß es kraut hat keinen stengel wie andere kreüter / hat auch kein öst / bleibet grün winter vnnd sumer wo man es weyß zůhalten / zů aller zeyt dyenstlich der artzency.

Veilchen.
Aus dem *Contrafayt Kreüterbuch*, 1532.
Von Otto Brunfels, Straßburg 1532.

Veilchen-Konserve

30 g frisch abgepflückte Veilchenblumenblätter von stark duftenden Gartenveilchen werden in einem Mörser oder in einer Porzellanschüssel zerstoßen, während man ½ kg in Stücke geschlagenen Hutzucker zum Flug kocht. (Im vorigen Jahrhundert konnte man Zucker »am Stück« kaufen; er hatte die Form von 30 bis 50 Zentimeter hohen Kegeln, die wie spitze Hüte aussahen, daher der Name »Hutzucker«.) »Zum Flug kochen« bedeutet, »flugs, schnell zum Kochen bringen«. Das heißt: Sie lassen den Zucker rasch aufkochen und nehmen ihn dann sofort vom Feuer. Natürlich benutzen Sie heute den normalen käuflichen Zucker. Er erfüllt dieselben Zwecke wie der Hutzucker des vorigen Jahrhunderts. Wenn der Zucker aufgekocht ist, wirft man die Veilchen hinein, rührt beides rasch durcheinander, bis der Zucker wieder Blasen wirft. Dann gießt man die Masse in flache, mit Mandelöl ausgeriebene Blechformen, wo man sie erstarren läßt.

Eine andere Art, Veilchen-Konserve herzustellen, ist diese: Einige Handvoll gut verlesener, frischer, stark duftender Veilchenblütenblätter übergießt man in einer Porzellanschüssel mit ½ l kochendem Wasser. Dann bindet man die Schüssel fest zu, stellt sie über Nacht an einen warmen Ort, filtriert am folgenden Tag die Flüssigkeit, gießt sie auf 1 kg feinen Zucker, kocht ihn rasch auf und schüttet die Masse in mit Öl bestrichene Blechformen. Man kann den Zucker auch durch einen Trichter laufen lassen und dadurch auf einer eingefetteten Unterlage kleine Plätzchen formen.

Gestürzte Veilchen-Creme

Nachdem man vier bis fünf große Sträußchen frisch gepflückter Veilchen entblättert hat, legt man die Blättchen in eine Porzellanschüssel und übergießt sie mit einem aus 250 g Zucker gekochten, dicklichen, siedend heißen Sirup. Dann deckt man die Schüssel fest zu, stellt sie beiseite und läßt den Sirup erkalten. Inzwischen rührt man Gelatine mit Wasser an und rührt sie später unter die erkaltete Veilchen-Masse. Dann wird die Mischung durch ein sauberes Leinentuch gesiebt. Man stellt das Gefäß mit der Veilchen-Creme auf Eis oder in eine Schüssel mit Eiswasser, rührt die Creme, bis sie zu stocken beginnt, vermengt sie dann mit steifgeschlagener Schlagsahne aus 1 l Sahne, füllt sie in eine mit Mandelöl ausgestrichene Form und läßt sie im Kühlschrank völlig erstarren. Erst kurz vor dem Servieren wird die Veilchen-Creme auf einer Platte umgestürzt.

Veilchen-Eis

250 g Zucker werden mit zwölf Eidottern schaumig gerührt. Dann mischt man nach und nach 1½ l fette Sahne und ¼ l Veilchensaft hinzu. Das Ganze wird bei schwacher Hitze zu einer Creme geschlagen. Dann nimmt man sie vom Herd und rührt weiter, bis die Creme erkaltet ist. Dann füllt man sie in passende Gefäße und stellt sie zum Frieren in den Gefrierschrank oder in das Gefrierfach des Kühlschrankes.

Veilchen-Gelee

375 g feiner Zucker wird mit dem Saft von zwei Zitronen und ⅛ l Wasser aufgekocht, gut abgeschäumt und über 50 g frische, stark duftende Veilchenblätter geschüttet, die man vorher in eine Porzellanschüssel gelegt hat. Dann wird die Schüssel fest zugedeckt. Nach etwa einer Stunde wird der abgekühlte Zuckersirup durchgesiebt (am besten durch ein Leinentuch), mit Gelatine, einem Gläschen Kirschwasser und ½ l Rheinwein oder Champagner vermischt und in eine Form gefüllt. Dieses Veilchen-Gelee läßt man im Kühlschrank erkalten und fest werden.

Veilchen-Limonade

Man vermischt ½ l frisches Wasser mit einer halben Tasse Veilchensaft, dem Saft von einer Zitrone und etwas Zucker.

Veilchen-Saft oder Veilchen-Sirup

Von frisch gepflückten, wohlriechenden Veilchen pflückt man die blauen Blütenblätter ab, verliest sie gut, damit nichts Grünes darunter kommt, legt sie in ein Gefäß aus Porzellan oder Steingut, gießt je nach Verhältnis der Veilchenmenge siedendes Wasser darüber, bindet die Gefäße fest zu und läßt sie über Nacht stehen. Am folgenden Tag preßt man den Saft durch ein feines Tuch, nimmt auf ½ l Saft ½ kg feinsten Zucker, schüttet beides in eine glasierte, feuerfeste Steingutform, fügt den Saft einer Zitrone hinzu, läßt den Zucker bei schwacher Hitze langsam schmelzen und sehr heiß werden, aber nicht zum Kochen gelangen, schäumt die sich darauf bildende weiße Haut gut ab, nimmt den Saft vom Feuer und füllt ihn in kleine gewärmte Flaschen, die gut verschlossen werden müssen. Man darf den Veilchensaft weder in einen kupfernen noch in einem Messingkessel bereiten, weil er darin sofort seine schöne blaue Farbe verlieren würde.

Französische Veilchen-Paste

Kochen Sie 250 g Zucker, bis er Fäden zu ziehen beginnt. Geben Sie dann 250 g zerstoßene Veilchenblätter und 250 g fertigen Apfelgelee hinzu. Mischen Sie alles gut durcheinander und lassen Sie die Masse bei schwacher Hitze noch zehn Minuten schwach kochen. Achten Sie dabei genau auf die Zeit, denn Veilchen dürfen nicht zu lange erhitzt werden.

Veilchen-Eis

Eine Handvoll schöner Veilchenblüten wird im Mörser zerstoßen. Ein wenig warmes Wasser und 125 g Zucker werden hinzugegeben. Nach einer Stunde wird die Lösung zum Gefrieren gebracht.

Veilchen-Torte

Über eine Erdbeer-Torte werden fein gehackte Mandeln und die frischen Blüten von Veilchen gestreut.

Getrocknete Veilchenblütenblätter

Schöne Veilchenblüten, an denen noch ein Stückchen Stengel ist, werden in ein flaches Pfännchen gelegt. Zucker wird bei 37 Grad zum Schmelzen gebracht und in ausreichender Menge über die Veilchen gegossen. Die Blumen müssen in der Lösung eine Nacht ziehen. Am nächsten Tag werden die Veilchen mit einer Pinzette aus der Lösung genommen und zum Abtropfen und Trocknen in ein Sieb gelegt.

Veilchenblüten-Marmelade

Mit einem Mörser werden 1½ kg ausgewählte Veilchenblütenblätter zerstoßen. Dann werden 2 kg Zucker in einem großen Gefäß aufgekocht und über den Veilchenbrei gegossen. Nach einiger Zeit wird ½ kg Apfelmus hinzugegeben. Die Mischung gründlich durchrühren. Nach kurzem Aufkochen wird die fertige Marmelade zum Abkühlen vom Feuer genommen. Später wird sie in Gläser gefüllt, die zugebunden werden.

Veilchen-Gebäck

250 g ausgewählte Veilchenblüten werden mit 500 g Zucker vermischt und bei 37 bis 38 Grad erhitzt und durchgerührt. Sobald die Mischung zu kochen beginnt, wird rasch ein mit Puderzucker geschlagenes Eiweiß hinzugegeben und untergerührt. Danach wird der Teig in eine geölte Form gegeben und für kurze Zeit im Ofen überbacken.

ORANGENBLÜTEN

In den Gärten Süd- und Ostasiens wachsen seit Jahrtausenden Orangenbäume. Auch die Perser und die Araber müssen sie schon früh gekannt haben; aber erst gegen Ende des 15. Jahrhunderts brachte ein portugiesischer Seefahrer den ersten Apfelsinenbaum nach Europa. Anfangs war er noch ein kostbares Ziergartengewächs, ehe er seinen Siegeszug rund um das Mittelmeer und bis nach Amerika antrat. Dort wurde der Baum mit den »goldenen Äpfeln« in riesigen Plantagen angebaut.

In den Gärten der Medici wuchsen Orangen- und Zitronenbäume zu duftenden Laubengängen zusammen. Und in den maurischen Gärten Spaniens blühten die Orangen neben den Zypressen – weiße duftende Blütenschalen als Kontrast zum ernsten dunklen Grün der Lebensbäume.

Der Liebreiz der Orangenblüte war den arabischen Gartenkünstlern mindestens ebenso wichtig wie die süße goldene Frucht, die sie »*haranschi*« nannten. Daraus machten die Italiener »*arranci*« und die Franzosen »*orange*«. Die »Apfelsine« verrät dagegen direkt ihre asiatische Heimat – Apfel aus Sina – also China-Apfel.

Die Liebe zu den Orangenblüten aber soll aus dem Orient stammen. Die Bräute der Sarazenen schmückten sich mit Orangenkränzen, Kreuzfahrer brachten diese hübsche Sitte mit nach Europa.

Seit dem 17. Jahrhundert tragen französische Bräute Orangenblütenkränze im Haar – so selbstverständlich und traditionsbewußt wie deutsche Mädchen den Myrtenkranz. Auch Napoleon liebte die duftenden Blüten: er trank so oft wie möglich Zuckerwasser mit Orangenblüten.

So hat der »Paradiesbaum« aus dem Osten nicht nur herrliche Früchte anzubieten – auch seine Blüten können Feinschmecker aus aller Welt entzücken.

*

In jedem Frühling, wenn der Hauch
der Goldorangen-Blüten mich umweht,
ist mir, als spürte ich
den Duft des Kleides wieder,
das die Geliebte trug in meiner Jugend.
Ariwara No Narihira

Orangenblüten-Rezepte

Wenn Sie Gelegenheit haben sollten, frische Orangenblüten selbst zu pflücken, dann halten Sie sich bitte an die folgenden Regeln:

Orangenblüten müssen vor dem völligen Aufblühen gepflückt werden, solange die fünf länglichen Blumenblätter noch mit den Spitzen zusammengeneigt sind, weil sie zu diesem Zeitpunkt den feinsten Duft und den größten Gehalt an ätherischen Ölen haben.

Da Orangenbäume in unseren Breiten nicht im Freiland wachsen, wird die Gelegenheit, frische Blüten zu pflücken, sicher sehr selten sein. Sie werden deshalb in den meisten Fällen auf Orangenblütenwasser zurückgreifen müssen.

Orangenblüten-Auflauf

100 g frische Butter wird zerlassen, mit 100 g feinem Mehl verrührt und mit ¾ l heißer Sahne zu einem glatten Brei verrührt, den man so lange über dem Feuer rührt, bis er sich vom Gefäß ablöst.

Man läßt ihn in einer Schüssel auskühlen, mischt 125 g Zucker, acht Eidotter, einige Löffel Orangenblütenwasser und den festen Schnee der acht Eiweiße darunter, füllt die Masse in eine mit Butter ausgestrichene Form, backt den Auflauf eine gute halbe Stunde bei mittlerer Hitze, bestreut ihn mit Zucker und serviert ihn sofort.

Kandierte Orangenblüten oder Orangenblüten-Pralinen

Frisch gepflückte, duftreiche Orangenblüten werden sorgsam verlesen, indem man die Blütenblätter von den Kelchen pflückt und nachsieht, ob sich keine Insekten darin befinden. Dann wiegt man die Blätter, nimmt das doppelte Gewicht Zucker, wirft die Blüten in frisches Wasser, kocht den Zucker kurz auf, gibt die Blüten hinein und rührt sie mit einem hölzernen Kochlöffel um, bis der Zucker wieder zum Kochen kommt. Dann nimmt man den Topf vom Feuer und rührt den Zucker mit den Blüten gut durcheinander, bis der Zucker pulverartig wird, trocknet die Blüten auf Pergamentpapier im Backofen, siebt den überflüssigen Zucker davon durch ein Haarsieb ab und bewahrt die kandierten Blüten in verschlossenen Gläsern an einem trockenen Ort auf, um sie das ganze Jahr über zur Zubereitung von feinem Backwerk, Cremes usw. bei der Hand zu haben.

Ein anderes Verfahren ist folgendes: 250 g frische Orangenblütenblättchen gibt man in einen Messingkessel, gießt ein wenig frisches Wasser darüber und läßt sie kurze Zeit kochen, bis sie zu schwitzen beginnen. Dann streut man 250 g feinen Zucker darüber, rührt sie um und kocht sie so lange, bis der Zucker Fäden zieht, wenn man ein wenig davon zwischen Daumen und Zeigefinger nimmt. Danach bestreut man sie wieder mit feinem Zucker und rührt sie fortwährend um, bis man ½ kg Zucker verbraucht hat und bis die Blüten ganz trocken sind. Man läßt sie nun auf mit Pergamentpapier belegten Blechen im Backofen ganz trocken werden und verwahrt sie in Gläsern.

Noch eine Möglichkeit: Man blanchiert die gelesenen Blüten in kochendem Wasser, kühlt sie in frischem Wasser ab, läßt sie auf einem Sieb gut abtropfen, gibt sie in eine Schüssel, übergießt sie mit lauwarmem Zucker, den man vorher kurz aufkochen ließ, läßt sie etwa fünf bis sechs Stunden darin stehen, schüttet sie dann in ein Sieb, damit die letzte Flüssigkeit ablaufen kann, und überstreut sie dann von allen Seiten mit feinem Zucker. Zuletzt werden die Orangenblüten im warmen Backofen getrocknet.

Orangenblüten-Creme

Man kocht reichlich ¼ l Sahne mit einer Handvoll frischen, von den Kelchen und Staubfäden gepflückten Orangenblüten – oder, wenn man diese nicht zur Hand hat, mit einem Eßlöffel voll kandierten Blüten – einige Minuten lang, läßt den Rahm dann auskühlen, gibt ihn durch ein Sieb, schlägt ihn mit zwei ganzen Eiern, vier Eidottern und 200 g Zucker auf dem Herd zu einer Creme, stellt diese auf eine kalte Unterlage (z. B. eine mit Eiswasser gefüllte Schüssel), mischt 30 g gelöste Gelatine hinzu, verrührt die Creme, bis sie zu stocken beginnt, mischt rasch ½ l geschlagene Sahne darunter, füllt die Creme in eine Form und läßt sie im Kühlschrank erstarren.

Eingemachte Orangenblüten

Frische, noch nicht völlig erschlossene Orangenblüten, die an einem trockenen, sonnigen Tag gepflückt sind, werden von den Kelchen gezupft, in weichem Wasser, zu dem man eine Prise gestoßenen Alaun getan hat, aufgekocht. (Notfalls nehmen Sie einfaches Leitungswasser.) Die Blüten werden so lange gekocht, bis sie sich mit den Fingern leicht zerdrücken lassen. Dann legt man sie in frisches, mit dem Saft von ein bis zwei Zitronen vermischtes Wasser und läßt sie nach dem Erkalten auf einem Sieb abtropfen. Dann schüttet man sie in eine Porzellanschüssel. Anschließend wird Zucker zu einem dünnen Sirup aufgekocht, wobei man auf 250 g Blüten ½ kg Zucker rechnet. Man gießt ihn lauwarm über die Blüten, deckt sie zu, gießt am folgenden Tag den Sirup ab, kocht ihn etwas dicker ein, schäumt ihn ab, schüttet ihn abermals lauwarm darüber, wiederholt dies am dritten Tag, kocht Sirup am vierten Tag schnell auf, mischt etwa zwei Eßlöffel Apfelgelee darunter, läßt die Blüten einige Minuten leicht mitkochen, schäumt sie ab, füllt alles in Gläser und bewahrt sie nach dem Erkalten und Zubinden an einem trockenen, luftigen Ort auf.

Orangenblüten-Eis

1 l Sahne wird mit 250 bis 300 g Zucker zum Kochen gebracht. Dann wirft man eine Handvoll frisch gepflückte, gut verlesene Orangenblüten oder kandierte Orangenblüten hinein und läßt alles aufkochen. Man nimmt dann die Sahne vom Feuer und stellt sie zugedeckt beiseite, bis sie abgekühlt ist. Dann siebt man sie durch, rührt bei schwacher Hitze zwölf Eidotter darunter, bis die Sahne zu einer dicklichen Creme wird, die man dann durch ein Haarsieb streicht. Man läßt sie erkalten, wobei man sie noch öfter umrührt, und füllt sie in Gefäße, die man zum Gefrieren in den Gefrierschrank oder in das Gefrierfach des Kühlschrankes stellt.

Oder: Man kocht eine Handvoll Orangenblütenblätter in Wasser mit dem Saft einer Zitrone weich, zerreibt die Blüten in der Flüssigkeit, fügt noch etwas Wasser und Zitronensaft hinzu, versüßt die Masse mit aufgekochtem Zucker, siebt sie durch und läßt sie gefrieren.

Orangenblüten-Gelee

Zwei Hände voll verlesener Orangenblüten werden in frisches Wasser gelegt. Dann kocht man sie langsam auf, nimmt sie mit dem Schaumlöffel heraus und läßt sie abtropfen. Man kocht 300 g Zucker auf, wirft die Blütenblätter hinein, läßt den Zucker kochen, bis er Fäden zieht, nimmt ihn vom Feuer, vermischt ihn nach dem Auskühlen mit einer Flasche Champagner und 45 g Gelatine, rührt alles gut durcheinander, siebt es durch, füllt es in eine Form und läßt das Gelee im Kühlschrank erstarren.

Orangenblüten-Marmelade

250 g Orangenblüten werden verlesen, von den Kelchen gepflückt, in ein Gefäß mit frischem Wasser geworfen und zusammen mit dem Saft von zwei Zitronen in dem Wasser eine Viertelstunde lang gekocht. Wenn sich nach dieser Zeit die Blüten mit den Fingern leicht zerdrücken lassen, nimmt man sie mit dem Schaumlöffel heraus, gibt sie in frisches, ebenfalls mit Zitronensaft gesäuertes Wasser, läßt sie darin auskühlen und schüttet sie zum Ablaufen auf ein Haarsieb. Danach zerstößt man sie in einem Mörser oder einer Porzellanschüssel zu feinem Brei, kocht ½ kg Zucker schnell auf, gibt die gestoßenen Orangenblüten und 250 g Apfelgelee hinzu, verrührt alles mit einem hölzernen Kochlöffel, füllt die Marmelade in Töpfe oder Gläser und bewahrt sie nach dem Erkalten und Zubinden im Keller auf.

Orangenblüten-Paste

½ kg Orangenblüten verliest man sorgsam, wirft sie erst in frisches Wasser, blanchiert sie danach in siedendem Wasser mit dem Saft von zwei Zitronen weich, läßt das Wasser ablaufen, zerreibt sie unter Hinzufügen von etwas Zitronensaft sehr fein in einer Schüssel und passiert sie durch ein Sieb. Zu ½ kg Orangenblütenmark nimmt man 250 g Apfelmark, mischt beides gut durcheinander und erwärmt es unter ständigem Umrühren bei schwacher Hitze, ohne daß es anbrennen darf. Zu je ½ kg dieser Mischung kocht man 750 g Zucker rasch auf, mengt ihn nach und nach unter die Marmelade und kocht sie nochmals mit dem Zucker auf. Dann setzt man mit einem Löffel kleine Häufchen dieser Marmelade auf ein Backblech und läßt sie bei schwacher Hitze trocknen. Zuletzt löst man sie mit einem Messer ab und setzt je zwei von ihnen übereinander.

Orangenblüten-Saft oder Sirup

Auf ½ kg frische, von den Kelchen gepflückte Orangenblüten, die man in ein feuerfestes Glasgefäß gibt, gießt man 1 kg aufgekochten heißen Zucker. Dann deckt man das Gefäß gut zu, läßt es zehn bis zwölf Tage an einem warmen Ort stehen, preßt dann den Saft durch ein Tuch und füllt ihn in kleine Flaschen, die man gut verschließen muß.

Orangenblüten-Tee

Im ganzen südlichen Europa wird der Orangenblüten-Tee allgemein als bitteres, gewürzhaftes Heilmittel bei Unterleibskrämpfen, Leibschmerzen, Darmbeschwerden, Magenkatarrh und ähnlichen Übeln gebraucht – wie bei uns der Kamillen-Tee oder Pfefferminz-Tee. Man gibt 15 g frische oder getrocknete Orangenblüten in einen Topf, gießt reichlich ¼ siedendes Wasser darauf, läßt den Tee einige Minuten ziehen, siebt ihn durch und trinkt ihn mit oder ohne Zucker.

Orangenblüten-Zucker

½ kg feinster Zucker wird mit ¼ l Wasser zehn Minuten lang klar gekocht, wobei man ihn gut abschäumt. Dann wirft man 60 g frisch gepflückte, gut verlesene Orangenblüten hinein, läßt sie fünf Minuten in dem kochenden Sirup und schüttet sie dann zusammen mit der Flüssigkeit in eine Schüssel, die gut zugedeckt zwei Tage stehenbleibt. Nach dieser Zeit kocht man den Saft noch einmal auf, gießt ihn in Blechformen oder Pappbecher und verwendet ihn nach dem Erstarren und Erkalten – in viereckige Stückchen zerteilt – als Dessert-Nascherei. Manche lieben diesen Orangenblüten-Zucker auch zum Tee.

Orangenblüten-Creme

Kochen Sie 1 l Milch auf und süßen Sie sie nach Geschmack mit Zucker. Dann nehmen Sie den Topf vom Herd, rühren sechs Eigelb und zwei zu Schnee geschlagene Eiweiß darunter. Zum Schluß werden noch drei Eßlöffel Orangenblütenwasser daruntergerührt. Die Orangenblüten-Creme wird nun in eine Schüssel gefüllt und in den Kühlschrank gestellt. Sie schmeckt am besten, wenn sie eiskalt serviert wird.

MAGNOLIE

Ein Hauch asiatischen Zaubers weht durch die europäischen Gärten, wenn im Frühling die Magnolienbäume zu blühen beginnen. Wie große weiße Tulpen mit rosaroten Streifen sitzen die Blüten der Magnolia soulangeana auf den kahlen, breit verzweigten Ästen. Sie ist das prachtvolle Kind zarter ostasiatischer Eltern: Seit alten Zeiten entfaltet die chinesische Yulan-Magnolie ihre silberweißen duftenden Blüten. Die Kobushimagnolie ist in den Wäldern Japans zu Hause. Ein großer Kenner und Liebhaber blühender Gehölze sagte von ihr: »Vor einem blühenden Baum glaubt man, daß sich große Scharen schneeweißer, flatternder Vöglein im Geäst niedergelassen hätten.«

Zauberhafte Magnolien – sie gehören zu einer uralten Pflanzenfamilie, deren Ahnen in der Kreidezeit und im Tertiär auch in Europa wuchsen. Sie überlebten die Eiszeit nicht. In Asien und Nordamerika aber wuchsen sie weiter durch die Jahrtausende.

Im 18. Jahrhundert kehrte der Baum mit den märchenhaften Blüten nach Europa zurück. 1755 wurden im königlichen Garten in Paris Magnolien aus Amerika gepflanzt. 1780 landete eine chinesische Magnolie im Land der Gärtner, in England. Seither entfalten die »Tulpenbäume« auch in der alten europäischen Welt wieder ihre zeitlose Anmut – mit Blüten so zart wie japanisches Porzellan, so schimmernd wie chinesische Seide.

Wen wundert es, daß nur chinesische Kochkunst solchen Blütenblättern gerecht wird, um eine Delikatesse daraus zu zaubern?

Chinesisches Magnolien-Rezept
(»Tchan Vu Cann P'ienn«)

Aus Mehl, Zucker und Eiweiß wird eine Paste hergestellt. Die Magnolienblüten werden, gewaschen und behutsam abgetrocknet, in den Teig getunkt und rasch in Fett gebacken. Die Blüten werden dann auf ein mit Zucker bestreutes Löschpapier gelegt.

JASMIN

Der Jasmin ist meist das Opfer einer Verwechslung. Philadelphus, der Pfeifenstrauch, hat sich mit seinen weißen duftenden Blütenschalen in deutschen Gärten auf unerklärliche Weise den Namen Jasmin erschlichen. Die Familien- und Namensverhältnisse sind leicht verworren.

Der ägyptische König Ptolemäus, der seine eigene Schwester heiratete, trug den Beinamen »Philadelphus«, das heißt: der Bruder- oder Schwesterliebende. Was mag wohl den großen Linné bewogen haben, diesen altägyptischen (etymologisch altgriechischen) Beinamen einem harmlosen Blütenstrauch anzuhängen?

Der echte Jasmin hat mit alledem nichts zu tun. Er ist ein orientalischer Duftstrauch mit kleinen weißen Blüten. In der ersten Hälfte des 16. Jahrhunderts gelangte Jasminum officinale von Persien nach Europa. Eine großblumige Verwandte des echten Jasmins wird in Südfrankreich in großen Mengen angebaut. Aus den Blüten wird eine duftende Essenz gewonnen. In Indien wächst Jasminum sambac. Seine weißen, wohlriechenden Blüten werden getrocknet unter den Tee gemischt. Auch in China ist solcher Jasmin-Tee bekannt und beliebt.

Wenn Sie ein Jasminblüten-Rezept lesen, wissen Sie also, daß Sie dafür immer die Blüten des echten Jasmins verwenden müssen. Es ist gleich, ob er in Europa, in Persien, in Indien oder in China wächst – wichtig ist sein starker Duft, der auf einen hohen Gehalt an ätherischen Ölen hindeutet. Darauf kommt es an, wenn sich zartsüßes Jasminaroma bei Ihren Tafelfreuden entwickeln soll.

Jasmin-Paste

Kochen Sie 250 g Zucker auf. Geben Sie dann 250 g zerriebene Jasminblüten hinzu und ebensoviel Apfelgelee. Mischen Sie alles gut durcheinander und lassen Sie die Masse bei schwacher Hitze noch zehn Minuten leicht kochen.

Jasminblüten-Tee

Chinesischen Jasminblüten-Tee können Sie fertig gemischt kaufen. Wenn Sie aber einen echten Jasminstrauch in Ihrem Garten haben, können Sie seine Blüten trocknen und unter jeden beliebigen schwarzen oder grünen Tee mischen. Diese Teemischung wird dann in ein fest verschlossenes Gefäß gefüllt und eine Weile stehengelassen. Dann ist das Aroma der Jasminblüten durch die ganze Mischung gezogen, und der feine Duft der Blüten entfaltet sich in jeder Tasse Tee, die Sie aufgießen.

DAHLIENBLÜTEN

Die Dahlie stammt aus dem Reich der Azteken. Die alte indianische Hochkultur war berühmt für ihre »schwimmenden Gärten« und ihre wohlhabenden Städte wie für ihre grausamen Opferrituale. Die Dahlie hieß in Mexiko Cocoxochitl. 1789 gelangten die ersten Exemplare in die Gärten des Escorial, des spanischen Königsschlosses in Madrid. Es war streng verboten, sie außerhalb der königlichen Gärten irgendwo anzupflanzen. Aber Verbote reizten zu allen Zeiten dazu, übertreten zu werden. Durch irgendeinen kleinen Durchschlupf gelangte die neue reizvolle Blume aus dem Indianerland in andere europäische Gärten und wurde weitergezüchtet.

1804 schickte Alexander von Humboldt Dahliensamen von Mexiko nach Berlin und leitete damit eine weitere Entwicklung der Dahlienzucht ein. Östlich des Rheines nannte man die Blume mit den bunten Halskrausen Georginen. Eine Art Dahlienzuchtfieber ging eine ganze Weile in Europa um. Für eine blaue Georgine wurde damals ein Preis von 20 000 Mark verlangt. Eine einzelne, besonders schöne Dahlie wurde gegen einen seltenen Diamanten getauscht.

Das Dahlienfieber ist längst abgeklungen und vergangen wie das Reich der Azteken, aus dem die schönen Blumen kamen. Längst ist aus dem edlen Einzelgänger in königlichen Gärten eine farbenprächtige, sortenreiche, fröhliche Massenblume geworden. In allen Gärten ist die Dahlie beliebter Gast. Aber nur selten wandert sie von dort in die Küche. Die üppige Blumenfülle der Spätsommerblume läßt ein Experiment zu: Opfern Sie eine Schüssel voll Dahlienblütenblätter für ganz neue Augen- und Gaumenfreuden.

Dahlienblüten-Salat

Bereiten Sie – wie bei anderen Salaten – aus Zitronensaft, feinem Öl, wenig Salz und Pfeffer eine Marinade. Die gewaschenen, gut abgetropften Dahlienblütenblätter werden unter diese Salatsoße gemischt. Sie erhalten einen frischen, farbenfrohen Salat.

Sie können auch einen normalen grünen Salat mit einer Handvoll bunter Dahlienblütenblätter vermischen. So entsteht in wenigen Minuten eine ungewöhnliche Delikatesse, die Ihre Gäste entzücken wird.

Dahlienblüten-Sirup

Kochen Sie eine beliebige Menge Zucker leicht auf. Fügen Sie gewaschene, abgetropfte Dahlienblätter hinzu. Rühren Sie alles gut durcheinander und lassen Sie die Mischung so lange leicht kochen, bis ein dickflüssiger Sirup entstanden ist.

CHRYSANTHEMEN

So rein ist euer Weiß,
ihr weißen Chrysanthemen,
daß ich euch, wollt ich euch brechen,
vom Reif der letzten Nacht
kaum unterscheiden könnte.
Ochitoki Mitsune

Aus uraltem fernöstlichem Blumenadel stammt die Chrysantheme. Mindestens zweihundert Jahre lang wurde sie in Chinas Gärten zu immer edleren Blumenformen gezüchtet. Generationen von Künstlern versuchten die flüchtige Blumenseele zu bannen: Chrysanthemen-Motive wurden auf feines Porzellan gemalt, in kostbare Stoffe verwoben, in Holz geschnitzt und in Metall geformt.

Noch tiefer ist die Chrysantheme in der japanischen Tradition verwurzelt. Im Jahr 1189 wurden die Schwerter des Mikado, des japanischen Kaisers, mit einem Chrysanthemen-Symbol verziert. Die ungefüllte Chrysantheme Hironishi darf nie mehr als 16 Blütenblätter haben. Sie ist das Wappen der kaiserlichen Familie, deren Kimonos mit Glyzinien und Chrysanthemen bestickt sind.

Im Herbst wird in Japan das Chrysanthemen-Fest gefeiert. Feine Strohmatten schützen die edlen Blumen vor rauher Witterung. Früher führte die Kaiserin persönlich den festlichen Zug an, der feierlich in märchenbunten Seidengewändern an den schönsten Chrysanthemen Japans vorbeizog.

Seltsamerweise wurde die edle Chrysantheme erst seit gut hundert Jahren in Europa allgemein bekannt. Zwar brachte ein Marseiller Kaufmann die ersten Sorten nach Frankreich, aber die Erkenntnis, daß es sich dabei um einen kostbaren Blumenschatz handelte, sprach sich nur langsam herum. Inzwischen wachsen die japanischen Kaiserblumen hinter jedem Gartenzaun. Wenn im nebligen November die Chrysanthemenbüsche in warmem Gold, pulsierendem Rot, feierlichem Violett oder strahlendem Weiß durch die grauen Tage leuchten, dann ahnt man doch etwas vom geheimnisvollen, starken Wesen dieser Blume. Sie wanderten durch Tausende von Gartenjahren, sahen ungezählte Generationen, wandelten ihre Formen und blieben doch ihrer Melodie treu.

Daß die Liebe zu den Chrysanthemen auch durch den Magen gehen kann, beweisen die folgenden Beispiele.

Krapfen aus Chrysanthemenblüten

Große weiße Chrysanthemenblüten werden abgepflückt, gewaschen und sorgsam abgetrocknet. Dann taucht man sie in einen vorher zubereiteten, leichten und lockeren Krapfenteig. Anschließend werden sie in heißem Fett schwimmend ausgebacken, herausgenommen, mit Puderzucker bestreut und warm serviert.

Chrysanthemen-Salat

Von großen, vorzugsweise gelben oder weißen Chrysanthemen werden die Blütenblätter gezupft und für einige Sekunden zum Bleichen in kochendes Wasser getaucht. Dann werden die Chrysanthemenblüten zum Abtropfen gebracht. Der Blattsalat wird danach mit Öl, Zitronensaft, Salz und gehacktem grünem Pfeffer abgeschmeckt.

Gemischter Chrysanthemenblüten-Salat

Zutaten:

½ Kopf grüner Salat
10 große Chrysanthemenblüten
1 Teelöffel heller scharfer Senf
4 Eßlöffel Weinessig
4 Eßlöffel Weißwein
1 gestrichener Teelöffel Zucker
1 Päckchen Vanillezucker
2 Eßlöffel Weinbrand
2 Eßlöffel Kirschlikör

Den Kopfsalat putzen, zerpflücken, waschen und abtropfen lassen. Die Chrysanthemenblüten müssen voll erblüht sein. Die Blütenblätter einzeln abzupfen und in eine Porzellanschale legen. Eine Tasse Wasser zum Kochen bringen, über die Blütenblätter gießen und auf einem Sieb das Wasser abtropfen lassen. Den Senf mit dem Essig und dem Wein verrühren und mit dem Zucker, dem Vanillezucker, dem Weinbrand und dem Likör zu einer Salatsoße mischen. Die Blütenblätter auf den Kopfsalatblättern anrichten und in letzter Minute mit der Soße begießen. Chrysanthemen-Salat wird zu Wildbraten gereicht.

Japanischer Chrysanthemenblüten-Salat

Gekochte und noch lauwarme Pellkartoffeln werden geschält, in runde Scheiben geschnitten und mit Öl, Salz, Pfeffer und Wein (anstelle von Essig) gewürzt. Man gibt Selleriesalat hinzu, der ebenfalls mit Salz, Pfeffer, Olivenöl, Estragon und etwas Zitrone abgeschmeckt wird. Der Salat wird pyramidenförmig aufgeschichtet und mit Chrysanthemenblüten garniert. Die Blütenblätter der Chrysantheme werden zuvor in kochendem Wasser gebleicht, abgetrocknet und mit Zitronensaft gewürzt.

Vorspeisen – Salate – Omeletten

Vorspeisen sind für ein gutes Essen, was die Ouvertüre für eine Oper ist. Man wird eingestimmt, angeregt und beginnt zu ahnen, welche Genüsse noch zu erwarten sind.

Vorspeisen sollten heitere Vorspiele sein, leicht und bekömmlich wie angenehme, geistreiche Konversation. Gute Laune hängt vom guten Essen ab. Wer Blüten als Vorspeise reicht, hat schon gewonnen. Ein kleines Blumenfest für die Augen und für den Gaumen – wer könnte da widerstehen?

In den folgenden Vorschlägen mischen sich bekannte und unbekannte, halb vergessene und wieder zu Ehren gekommene Blütenrezepte. Viele Blumen erfreuen uns nicht nur mit ihrer Schönheit, sondern bieten uns gleichzeitig ihre verborgenen heilsamen Kräfte an. So werden Speisen ganz mühelos wieder das, was sie eigentlich immer waren: angenehme Arznei.

Schon die vielzitierten alten Griechen kannten die »Distel, deren Genuß vergnügt macht«. Vielleicht war es damals schon eine Verwandte der Artischocke, der die lebensfrohe Antike aphrodisische Kräfte zutraute. Die wohlschmeckende Distelblüte war aber auch den alten Ägyptern bekannt und erfreute sich im Spätmittelalter großer Beliebtheit. Auch Goethe, der gewiß kein Verächter guten Essens war, schätzte die Artischocke »der, was uns am besten schmeckt, in dem Busen liegt versteckt«.

Eine heitere Vorstellung, die eine Vorspeise noch anregender machen könnte!

Die anmutige Silberdistel Carlina, die im Gebirge wild wächst, fand in der feinen Küche ähnliche Verwendung wie die Artischocke. Man aß die dicken Blütenböden der Silberdistel genau wie Artischocken. Beide Distelblumen sind nicht nur eine altbekannte Delikatesse, sie haben auch eine heilsame Wirkung auf die Leber und fördern die Gallensekretion.

Eine ehrwürdige, sagenumwobene Pflanze ist der Holunder. Schon in alten Zeiten liebten die Menschen diesen Strauch mit den süßlich duftenden, weißen Blütenschirmen und den schwarzen Beeren. In der Volksmedizin wurden fast alle Teile des Holunders genutzt. Kein Wunder, daß man glaubte, in ihm wohne ein guter Geist oder er sei der Baum der Holla, der Frau Holle. Wegen seiner vielen guten heilkräftigen Eigenschaften wurde der Hollerbusch die »lebende Hausapotheke des deutschen Bauern« genannt.

Aus den getrockneten Blüten wird beinahe seit Menschengedenken ein Tee gekocht, der Kranke ordentlich zum Schwitzen bringt und heilkräftig gegen Husten, Bronchialkatarrh und Grippe eingesetzt wird. Seit langer Zeit weiß man aber auch schon, daß die frischen Blüten des Holunders, dessen flache weiße Dolden wie Spitzendeckchen aussehen, nicht nur für die Apotheke gut sind. Geschickte Hausfrauen, die das Heilsame mit dem Wohlschmeckenden zu verbinden wissen, bereiten Holunderblüten-Omeletten und andere Delikatessen daraus, die auf der Zunge zergehen.

Ganz ähnliche Leckereien können Sie auch aus Akazienblüten herstellen, von deren verworrenen Namensverhältnissen Sie sich nicht verwirren lassen sollten. Irrtümer haben oft ein zähes Leben. Deshalb wird die Akazie wohl ihren Namen behalten, obwohl sie botanisch korrekt Robinie heißt und allerhöchstens berechtigt wäre, den Zusatznamen »Scheinakazie« zu führen. (Die echte Akazie wird dagegen – auch fälschlich – Mimose genannt.)

Wir werden es nicht ändern. Reden wir also, wie es allgemein üblich ist, von der Akazie, die von Nordamerika nach Europa einwanderte und sich mit größter Selbstverständlichkeit hier ausbreitete. Anfang des 17. Jahrhunderts tauchte sie im Jardin Royal in Paris auf. Der königliche Gärtner hieß zu dieser Zeit Jean Robin. Der große Botaniker Carl von Linné nannte die Akazie ihm zu Ehren Acacia americana robinia.

Den Baum mit den zierlichen blaugrüngrauen Fiederblättern und den duftenden weißen Blütentrauben kümmerte die Ehre wenig. Robust und lebensstark wucherte er durch halb Europa und bildete vor allem in Norditalien ganze Wälder. Aus den harten runden Robiniensamen wurden Rosenkränze hergestellt und aus dem zähen Holz Wagenräder.

Im Juni ist die Akazie ganz eingehüllt in Wolken weißer Blüten, die einen schweren süßen Duft verströmen. Ihre Krone ist dann erfüllt vom Summen der Bienen, die den wunderbaren Akazienhonig sammeln.

Sie sollten die Akazie nicht ungenutzt verblühen lassen, sondern um diese Zeit Krapfen aus Akazienblüten backen!

Ebensowenig sollten Sie im Frühling das Gänseblümchen übersehen. Das bescheidene Blümchen mit dem weiß-rosa Strahlenkränzchen wächst auf allen Wiesen und ist in weiten Teilen der Erde verbreitet. Vor allem im zeitigen Frühling, wenn frische Kräuter und Salate noch fehlen, kann man mit Gänseblümchen herrliche Vorspeisen zubereiten. Wenn Sie einige Wochen lang jeden Tag eine Handvoll Gänseblümchen in die Salatschüssel geben oder die Blümchen zusammen mit den Blättern kleingehackt unter Quark streuen, dann machen Sie gleichzeitig ganz mühelos eine Blutreinigungskur.

Das Gänseblümchen hat übrigens viele Namen: Maßliebchen heißt es nach einem alten keltischen Wort. »Maas« bedeutete »Feld«. Tausendschönchen leitet sich vom lateinischen »Bellis perennis«, der »ausdauernden Schönen«, ab. In Schweden nennt man das Gänseblümchen »Priesterkragen« und in England »Tagesauge«–Day's eye, somit »Daisy«.

Auch bescheidene Blümchen haben manchmal besondere Glanzpunkte in ihrem Leben.

Ein blumennärrischer Jesuiten-Missionar sammelte in Nordchina viele Blumensamen und schickte sie zur Anzucht nach Paris. Unter ihnen war auch ein rotes Gänseblümchen. Es erregte damals – um die Mitte des 18. Jahrhunderts – so viel Aufsehen, daß seinetwegen sogar eine Gärtner-Zusammenkunft im Kloster Chartreux einberufen wurde. Zwanzig Jahre später hatten die Gärtner aus dem chinesischen Gänseblümchen die ersten gefüllten Tausendschönchen gezüchtet, die noch heute allgemein beliebt sind.

Den einfachen weißen Wiesen-Gänseblümchen blieb weiter die Ehre, daß die Kinder im Frühling Kränzchen daraus flechten und kluge Frauen es für ihre Küchenkünste verwenden.

Kaum ein größerer Gegensatz läßt sich zum kleinen einfachen Gänseblümchen denken als die aufrechten starken Gestalten der Sonnenblumen mit ihren goldenen Blütenrädern. Und doch stammen beide aus der gleichen Großfamilie der Korbblütler.

Die Sonnenblume, die ihre prachtvollen Blüten immer der Sonne zudreht, ist in der Küche vor allem durch die vielseitige Verwendung ihrer ölhaltigen Samen bekannt. Sonnenblumenöl kennt jede Hausfrau. Aber nur wenige wissen, daß man auch die schönen gelben Blütenblätter essen kann. Vermischt mit grünem Salat ergeben sie ein Festessen für die Augen und den Gaumen. Diese Sommer-Delikatesse müssen Sie unbedingt probieren!

Alle guten Eigenschaften einer pikanten, anregenden Vorspeise hat auch die Kapuzinerkresse. Sie kommt aus Peru und trägt in manchen Gegenden auch den Namen »Liebesblume«. Es bleibe dahingestellt, ob sie nur den Magen oder auch noch andere Körperzonen animiert. Der leichte Pfeffergeschmack der Kapuzinerkresse ist sicher angenehm appetitanregend. Allein der Anblick der roten, gelben und orangefarbigen Blütenglöckchen in einer Salatschüssel stimmt eine Gästerunde schon heiter und erwartungsvoll. Daß die Blumen wegen ihres Schwefelgehaltes auch eine kräftigende Eigenschaft haben, kann man als zusätzliche Gabe mitservieren.

Nach diesem Streifzug durch das bunte, duftende Reich der eßbaren Blüten bin ich sicher, daß Sie nicht widerstehen können, das eine oder andere der folgenden Rezepte auszuprobieren. Ihre Gäste werden bestimmt begeistert sein. Aber Sie können die Blütenrezepte auch zu zweit versuchen.

Dekorieren Sie mit den gleichen Blumen, die Sie in der Küche verwenden, den Eßtisch. Kleine Raffinessen wirken anregend. Ein wenig gezaubert haben die Frauen zu allen Zeiten – in der Kochkunst und in der Liebe.

Vorspeisen sind für beide Künste unerläßlich.

Artischocken

Nehmen Sie schöne große Artischockenfrüchte. Waschen Sie sie, schneiden Sie den Stiel ab und kochen Sie die Früchte eine gute halbe Stunde lang in wenig Salzwasser. Nehmen Sie dann die Artischocken aus der Flüssigkeit und zupfen Sie mit den Fingern die Herzblättchen heraus. Dann entfernen Sie mit einem Löffel den sogenannten Bart. Nun können Sie die Artischocken, wenn Sie wollen, gleich essen, indem Sie Blatt für Blatt herauszupfen. Sie können aber auch nur noch einige Blätter aus der Mitte herausnehmen und dann die Artischockenfrucht füllen und gekühlt als Hors d'œuvre reichen. Wenn Sie nur die köstlichen Artischockenböden verwenden wollen, müssen Sie alle Blütenblätter herauszupfen. Die gekochten Artischockenböden werden entweder nur mit Olivenöl und Zitronensaft beträufelt, oder sie werden mit einer sehr leichten, zart gewürzten Mayonnaise begossen.

Silberdisteln

Die Blütenböden der Silberdisteln wurden nach alten Rezepten wie Artischocken in Salzwasser abgekocht. Man servierte sie mit einer pikanten Soße. Da die Pflanzen heute unter Naturschutz stehen, können Sie bloß Silberdisteln aus dem eigenen Garten verwenden.

Überbackene Rhabarberblüten

Nehmen Sie zur Abwechslung einmal nicht die Stengel des Rhabarbers, sondern seine großen Blüten. Pflücken Sie die Blüten, wenn sie gerade aufbrechen wollen. Sie werden kurze Zeit in Wasser abgekocht, ähnlich wie Brokkoli. Nehmen Sie die Blüten heraus, lassen Sie sie abtropfen und schichten Sie sie dann in eine feuerfeste Form. Die Blüten werden nun mit einer weißen, holländischen Soße übergossen und im Backofen kurz überbacken.

Gänseblümchen-Salat

Mischen Sie kleingehackte Gänseblümchenblätter und -blüten unter grünen Kopfsalat.
Oder:
Bereiten Sie eine Salatsoße aus Öl, Zitronensaft, wenig Salz und Pfeffer. Geben Sie Gänseblümchenblüten und -blätter hinein, zusammen mit ganz zarten, jungen Löwenzahnblättern. Dieser Frühlingssalat ist leicht bitter, aber sehr apart und gesund.
Oder:
Bereiten Sie wie im Rezept vorher einen aus Gänseblümchen und Löwenzahn gemischten Salat. Braten Sie anschließend in einem Pfännchen mit nur wenig gutem Öl oder mit Butter kleingeschnittenen, mageren, geräucherten Speck an, bis der Speck leicht kroß, also knusprig, gebacken ist. Die Specksoße wird kurz vor dem Servieren heiß über den Salat gegossen. Dies ist ein altes Bauernrezept, das ganz vorzüglich schmeckt.

Kapuzinerkresse-Salat

Geben Sie frischen grünen Kopfsalat, dessen Blätter Sie kleingezupft haben, in eine Salatschüssel und übergießen Sie den Salat mit einer Marinade aus reichlich Öl, wenig Essig, wenig Salz und Pfeffer und einem Hauch Knoblauch. Zum Schluß werden die Kapuzinerkresseblüten über den grünen Salat gestreut.

*

Bereiten Sie eine Salat-Marinade aus etwas Weinessig, wenig Salz und reichlich Öl, die sehr gut verrührt werden muß. Nun wird die Salatschüssel mit frischen, gewaschenen, abgetropften Kapuzinerkresseblüten gefüllt, mit der Marinade übergossen und behutsam vermengt. Dieser Blütensalat hat einen feinen, pikanten Geschmack und wirkt dazu noch sehr dekorativ.

Dahlienblüten-Salat

Genau wie beim Kapuzinerkresse-Salat wird zunächst eine feine, nicht zu scharfe Salatsoße zubereitet. Sie wird kurz vor dem Servieren über die möglichst bunt gemischten Blütenblätter der Dahlien gegossen und sehr behutsam untergemischt.

Bohnensalat mit Veilchen

Spanische Bohnen werden gekocht, abgetropft und mit Öl, Zitronensaft und ein wenig Orangensaft abgeschmeckt. Darüber werden frische Veilchenblütenblätter gestreut.

Sonnenblumen-Salat

Eine Schüssel voll Kopfsalat, wie gewohnt zubereitet, wird zum Schluß mit gelben Sonnenblumenblättern verziert. Diese bunte, sommerliche Salatschüssel wirkt ausgesprochen dekorativ und appetitanregend.

Chrysanthemen-Salat mit Ananas

Bereiten Sie aus feinem Öl, Joghurt und frischen, kleingeschnittenen Ananasscheiben eine Salat-Marinade. Große weiße Chrysanthemenblüten werden gezupft und in kochendem Wasser kurz blanchiert. Die abgetropften Chrysanthemenblütenblätter werden vorsichtig unter die Marinade gezogen. Dieser Salat wird gekühlt serviert.

Akazienblüten-Krapfen

Pflücken Sie sich schöne große Akazienblütendolden, waschen Sie sie vorsichtig, tropfen Sie sie ab und tauchen Sie sie in einen vorher zubereiteten leichten Krapfen- oder Omelettenteig. Dann werden die in Teig eingehüllten Akazienblüten in heißem Fett schwimmend ausgebacken. Zum Schluß überstreuen Sie die Krapfen noch mit Puderzucker und servieren Sie sie warm.

Holunderblüten-Krapfen

Die Holunderblüten-Krapfen werden genau wie die Akazienblüten-Krapfen zubereitet.

Holunderblüten-Omeletten

Bereiten Sie aus folgenden Zutaten einen Omelettenteig:

125 g Mehl
3 Eier
1 Prise Salz
1 Eßlöffel flüssige Butter
1 Eßlöffel Bier
2 Eßlöffel Milch

Der Teig wird aus diesen Zutaten glatt gerührt. Dann brauchen Sie noch 20 bis 25 voll aufgeblühte Holunderdolden. Die Holunderblüten werden in den Teig getaucht und in einer Pfanne mit reichlich heißem Fett, mit der Blütenseite nach unten, gebacken. Währenddessen schneiden Sie den noch herausragenden Stiel der Holunderblüte ab und backen die Omelette auch auf der zweiten Seite schön goldgelb. Die Holunderblüten-Omelette wird mit Zucker bestreut und warm serviert.

Omeletten-Auflauf mit Orangenblüten
(Altes Rezept)

Nehmen Sie 16 bis 18 frische Eidotter; diese werden mit 160 g Zucker, der mit 30 g gerösteten Orangenblüten feingestoßen worden ist, und mit einer kleinen Prise Salz eine halbe Stunde schaumig gerührt (mit dem Mixer geht es natürlich viel schneller). Dann wird der steife Schnee der Eiweiße darunter gemischt. In einer Pfanne mit heißer Butter backt man vier dicke Omeletten aus der Masse, schiebt jede, sobald sie auf einer Seite gelb gebacken und auf der anderen fest geworden ist, auf eine flache, gewärmte Schüssel, bestreut sie mit Zucker und beträufelt sie mit Zitronensaft. Die folgenden Omeletten legt man darüber, läßt sie anschließend in einem warmen Backofen eine gute Viertelstunde backen und aufgehen und serviert sie so rasch wie möglich.

Soßen und Suppen

Die »Soße ist der Triumph des guten Geschmacks«, schrieb einst Balzac voller Begeisterung.

In allen Ländern, in denen man gutes Essen schätzte, und zu allen Zeiten gab es berühmte Soßen und Soßenköche. Bei den Griechen war eine feuerrote Safransoße besonders beliebt. Um die Zeitenwende betrieb ein gewisser Umbricius Scaurus in Pompeji eine Soßenfabrik, in der vor allem die römische Garumsoße hergestellt wurde. Sie wurde aus verschiedenen Fischen auf raffinierte Weise komponiert und kunstvoll variiert. Eine Abwandlung mit Olivenöl nannte sich Olegarum und wurde zu gesalzenen Seeigeln gereicht.

Im Mittelalter liebte man Kräutersoßen, und aus dem 19. Jahrhundert sind uns dann endlich auch Blütensoßen überliefert. So ist der Ysop mit seinen himmelblauen Blüten eine aparte Soßenwürze.

Aber mehr als in kräftigen Soßen schwimmen zarte Blüten in delikaten Suppen. Und Suppen zu kochen ist wahrlich eine Kunst. Jedes Land hat seine Suppenspezialitäten. Wunderbare Suppeneintopf-Gerichte gab es früher bei den Bauern und den Fischern. Oft waren sie das Hauptnahrungsmittel und enthielten alles, was gesund und stark macht.

Meine Großmutter pflegte zu sagen: »Eine gute Suppe hält Leib und Seele zusammen!«

Eine solche Wirkung hat sicher auch die Fleischbrühe mit Königskerzenblüten. »Himmelbrand«, »Fackelblume«, »Ker-

Gänßbappelen.

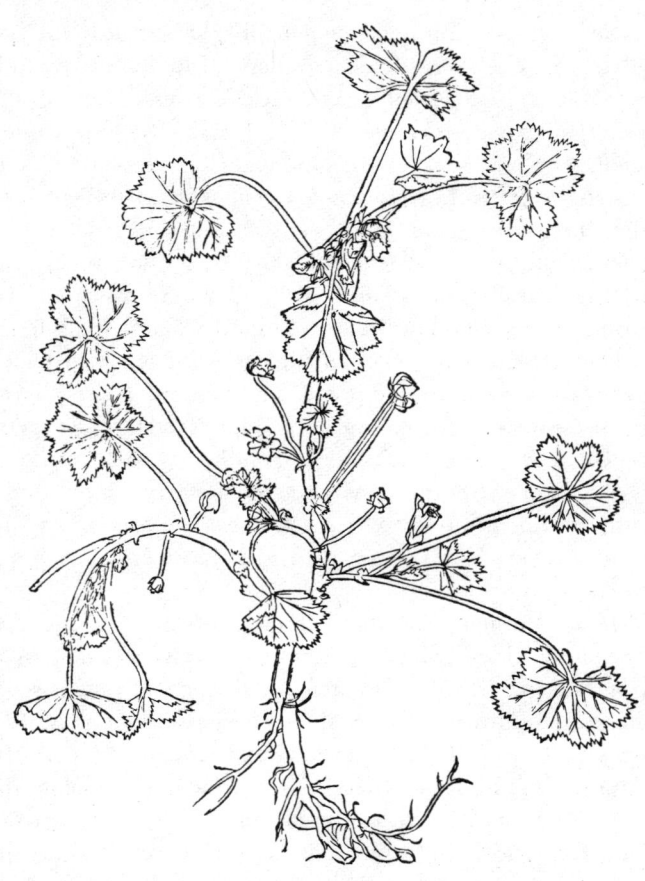

Malven.
Holzschnitt aus dem *Contrafayt Kreüterbuch* von Otto Brunfels,
Straßburg 1532.

zenkraut« wird die Blume auch genannt, wegen ihres hochragenden Stengels, der mit vielen goldenen Blüten besetzt ist. In keinem geweihten Kräuterstrauß fehlte früher die Königskerze. Wenn das Vieh krank war, mengten die Bauern Königskerzenblüten unter das Futter. Und wenn ein schweres Gewitter aufzog, warfen sie getrocknete Königskerzen ins Feuer, um Unheil abzuwenden.

Die berühmte Äbtissin Hildegard von Bingen empfahl schon im Mittelalter, es solle jeder, »der ein schwaches und trauriges Herz hat«, die Pflanze zusammen mit Fleisch, Fischen oder »Kucheln« kochen und essen, dann würde sein Herz gekräftigt und wieder freudig werden. Auch Pfarrer Kneipp fand, daß die Königskerze eine herzstärkende Wirkung hat. Denken Sie nicht über Krankheiten nach, wenn Sie die Königskerzen-Suppe zubereiten. Genießen Sie das würzige Aroma und den hübschen Anblick der schwimmenden Blüten. Was gut schmeckt, tut auch gut. Sie werden es schon merken!

Schöne Blumen sind die wilden Malven, die auf allen Wiesen und Feldern wachsen. Der große Kräuterkenner Maurice Mességué erzählt, daß man in seiner südfranzösischen Heimat im Sommer »in die Malven« ging. Körbe voll Malven brachten die Frauen dann nach Hause und kochten daraus Malventee und herrliche Malvensuppe. Sie wußten auch, daß Kompressen aus Malventee einen reinen Teint machen und Hautreizungen heilen lassen. Für klare Haut sorgt aber auch indirekt die Malvensuppe, weil sie Magen und Darm wohltut und auf ihre sanfte Weise Verstopfungen löst.

Suppen mit Blüten sind ein freundlicher Anblick zu Beginn einer Mahlzeit. Sie schmeicheln auch der Nase, weil sie angenehm und überraschend duften. Und sie tun auch Ihrem »Innenleben« ganz besonders gut.

Das Soßenrezept

»Rezepte willst du wissen zarter Saucen?
Da mußt du Salbei, Minze, Thymian geben,
das Ganze drauf mit Rosmarin beleben,
und Knoblauch wie die Juden im Land Gosen.
Dies alles dann in einen Mörsel stoßen –
vergiß ja nicht den Schlägel oft zu heben! –
Gib Lorbeer bei, drei Blätter auch von Rosen.
Auch ein Basilienkraut mußt du zerdrücken.
Gut ist ein Pfefferkorn, auch Kräutersäfte.
Und spare nicht an ein paar Nelkenstücken.
Die Butterblume gibt dem Seim die Kräfte.
Hast du gar Ingwer, wird's besonders glücken.
Zerbrösle dann zwei, drei, vier Zimmetschäfte.
Zu all dem Kraut ist Essig sehr ersprießlich.
Nimm ihn nur scharf, sonst ist er recht verdrießlich.«
Antonio Pucci (14. Jh., Florenz)

Malven-Suppe

Sammeln oder kaufen Sie gemischte grüne Kräuter und Salate, z. B.: eine Handvoll Spinat, Sauerampfer, Mangold, Kopfsalat oder Endiviensalat, später im Jahr auch Feldsalat und eine oder zwei Lauchstangen. Fügen Sie zum Schluß noch ein großes Sträußchen Wiesenmalve hinzu. Alle Zutaten werden kleingehackt und entweder in frischer Butter kurz angedünstet, mit Wasser aufgefüllt und zu einer Suppe gekocht oder in einer fertigen Fleischbrühe zum Schluß noch kurz mitgekocht. Wenn die Suppe fertig ist, wird sie kurz vor dem Servieren mit frischer Sahne oder einem Ei legiert.

Gerstensuppe mit Malvenblüten

Malvenblütenblätter werden zusammen mit Gerste zu einer Suppe gekocht. Diese Suppe hilft schwachen Därmen und heilt Darmgeschwüre.

Fleischbrühe mit Königskerzenblüten

Kochen Sie wie üblich (und wie Sie es gewöhnt sind) eine kräftige Fleischbrühe. Fügen Sie aber außer dem üblichen Suppengrün noch eine Handvoll goldgelbe Königskerzenblüten hinzu. Wenn Sie keine frischen Blüten pflücken können, verwenden Sie getrocknete Königskerzen.

Rosenblüten-Suppe

Nachdem man die Blätter von frisch aufgeblühten Rosen ausgepflückt, saubergelesen und feingehackt hat, vermischt man einen Teller voll solcher gehackter Rosenblätter mit sechs bis sieben Eßlöffeln geriebenem Weißbrot, quirlt die Masse in 1½ l kalte Milch ein, fügt etwas Zucker und eine Prise Salz hinzu. Man bringt dann die Milch unter ständigem Umrühren zum Kochen, streicht sie durch ein Sieb, läßt sie nochmals aufkochen, legiert sie mit einigen Eidottern und richtet sie über zerbrochenen Makronen an. Ist die Zeit der frischen Rosenblätter vorüber, so bereitet man diese Suppe aus getrockneten und gestoßenen Rosenbrötchen (Rezept Seite 20).

Ysop.
Holzschnitt aus dem *Contrafayt Kreüterbuch*, 1532.

Holundermilch-Kaltschale

Ein Liter Milch wird mit zwei großen Holunderblüten-Dolden kurz aufgekocht. Dann nimmt man die Blüten heraus und bindet die Suppe mit einem Eßlöffel Kartoffelmehl und zwei bis drei Eidottern. Dann wird mit etwas Salz und Zucker nachgewürzt. Zum Schluß gießen Sie die Holundermilch-Suppe durch ein Sieb in eine Terrine und stellen sie kalt. Vor dem Servieren wird das Eiweiß mit Zucker zu Schnee geschlagen und in Flöckchen über die Holunderblüten-Kaltschale gestreut. Wenn Sie wollen, können Sie noch Zucker und Zimt darüber geben. Dies ist eine Wohltat für heiße Sommertage.

Orangenblüten-Soße

In einen ¾ l heiße Sahne wirft man eine Handvoll frische Orangenblüten, läßt sie zehn Minuten ziehen, ohne daß die Sahne kocht, und süßt die Mischung dann mit vorher geröstetem Zucker. Zum Schluß wird die Soße mit vier bis fünf Eidottern legiert. Wenn Sie den Zucker weglassen und die Orangenblüten-Soße statt dessen mit Ingwer würzen, erhalten Sie eine pikante Soße, die auch zu Fleischgerichten und Salaten verwendet werden kann.

Ysopblüten-Soße

Der Fond eines Kalbsbratens wird zur Soße gebunden und mit kleingeschnittenen Ysopblüten und -blättern gewürzt. Verwenden Sie nur kleine Mengen des stark duftenden Krautes und lassen Sie es nur noch kurz in der Soße mitziehen.

II.
Blumen, die man trinken kann

Weine und Liköre

Es gibt – wie Sie bereits gesehen haben – mehr »eßbare Blumen«, als man auf den ersten Blick glaubt. Eine andere Art, Blüten zu genießen, ist die des Trinkens. Auf diesem weiten Feld finden Sie sicher oft gute alte Bekannte. Aber auch an ungeahnten Konstellationen wird es nicht fehlen. Wenden wir uns zunächst den Likören und Kräuterweinen zu.

Likör, sagt das Lexikon, ist eine Bezeichnung aus dem Französischen, eine Wortschöpfung aus der Goethe-Zeit. Ein Gewürz- oder Kräuterbranntwein von süßer oder sämiger Beschaffenheit ist damit gemeint. Goethe-Zeit – das ist lange her. Damals wußte man noch, wie gute Liköre gemischt werden. Auch König Ludwig XIV. war ein Verehrer dieser aromatischen Getränke; er nannte sie »Herzstärkung«. Wilhelm Busch hätte den Sonnenkönig sicher bestärkt in dieser Interpretation, denn seine Einstellung zum Likör war von verwandter Geistesart: »Es ist ein Brauch von altersher, wer Sorgen hat, hat auch Likör.«

Heutzutage ist sicher nicht jeder käufliche Likör Medizin für Herz und Gemüt. Es kommt auf den Inhalt an, auf die Zutaten, die in edlem Weingeist unter dem Einfluß der Sonnenstrahlen ihre geheimsten Kräfte preisgeben.

Himmelsschlüssellikör, Rosenbrandy und Thymianwein sind nicht nur ein Genuß, sondern auch Wohltäter für den »inneren Menschen«. Die alte Kunst der Likörzubereitung ist zu Unrecht in Vergessenheit geraten. Unsere Großmütter und

Destillationsapparat mit Kräutergarten.
Holzschnitt aus Hieronymus Brunswigs Destillierbuch, 1500.

Urgroßmütter wußten noch sehr gut, wie man solche wohltuenden »Hausgeister« selber zubereitet. Sie gingen überaus sorgfältig mit den Zutaten um, weil ihnen am Herzen lag, wirklich ein edles »geistiges Getränk« herzustellen. In einem alten Kochbuch aus dem vorigen Jahrhundert heißt es:

»Will man sich im Haushalt für den eigenen Gebrauch einen guten, trinkbaren Liqueur herstellen, der durch Lagern außerordentlich gewinnt, so empfehlen wir das einfache und leichte Verfahren der Extraction oder Infusion, indem man die Gewürze, Früchte, Wurzeln und dergleichen längere Zeit in sehr gutem, feinem und reinem Branntwein ziehen läßt, den Branntwein hierauf mit der nöthigen Menge Zucker-Syrup vermischt, filtriert und auf Flaschen zieht. Unsere sämtlichen Liqueur-Recepte sind auf diese Bereitungsart eingerichtet, und ihre Ausführung wird keiner Hausfrau Schwierigkeiten machen. Die über Früchten und Blüthen abgezogenen oder mit Fruchtsäften gemischten Liqueure nennt man Ratafias.«

Gleichfalls im vorigen Jahrhundert, genau gesagt 1844, erschien das berühmte Kochbuch der Henriette Davidis. Auch sie beschrieb genau, wie in der eigenen Küche ein vorzüglicher Likör gebraut wird:

»Zur Bereitung derselben nimmt man eine große Flasche mit einer weiten Halsöffnung, füllt das Bestimmte nebst dem Branntwein, wozu man nach Belieben Weinbrand, Kirsch- oder Kornbranntwein wählt, hinein, korkt die Flasche gut zu und stellt sie drei bis vier Wochen an die Sonne oder an einen warmen Ort, während man sie oft schüttelt. Dann tunkt man den in kleine Stücke geschnittenen Zucker in Wasser, kocht und schäumt ihn, läßt ihn etwas abkühlen, rührt den Branntwein dazu und läßt ihn durch Fließpapier laufen. Alsdann füllt man den bereiteten Likör in reine, trockene Flaschen und verkorkt sie gut.«

Vom Geheimnis der Likörzubereitung wissen Sie nun schon einiges. Wichtig ist aber vor allem der Inhalt. Wählen Sie aus dem großen und bunten Blumenreich Blüten aus, die in Alkohol ein besonderes Aroma und heilsame Kräfte entfalten. Es ist schon beinahe selbstverständlich, daß auch hier wieder die Rosen den Reigen der Köstlichkeiten eröffnen. Die Königin der Blumen hat so viele edle Eigenschaften, daß sie auch bei den guten »Hausgeistern« nicht fehlen darf. Versuchen Sie einmal Rosen-Likör oder Rosen-Brandy.

Es wird Sie vielleicht erstaunen, daß das berühmte »Danziger Goldwasser« ein Blüten-Likör ist, in dem sich die Düfte von Rosenblüten, Orangenblüten, Zimtblüten und Nelkenblüten auf wunderbare Weise mischen. Wenn Sie möchten, können Sie »Danziger Goldwasser« selbst herstellen (Rezept Seite 92).

Eine geheimnisvolle wilde Blume ist das Johanniskraut, das im Volksmund auch »Gottes Gnadenkraut« oder »Herrgottsblut« heißt. Wenn man die Blüten oder die Knospen zwischen den Fingern zerreibt, geben sie einen roten Farbstoff frei; es ist, als fange die Pflanze zu bluten an.

Das Johanniskraut erblüht mitten im Sommer, wenn die Sonne ihren Höhepunkt erreicht. Seine Samen können nur auf sonnenbeschienenen Böden keimen. Diese Beobachtung machte man schon in alten Zeiten und glaubte, daß die strahlenden gelben Blumen mit ihrer Sonnen- und Feuernatur den Himmelskräften besonders verbunden seien. Paracelsus schätzte das Johanniskraut ganz besonders:

»Es ist eine Universalmedizin für den ganzen Menschen.« Und: »Alle Bücher sind im Vergleich mit diesem Hypericon bei der Heilung von Wunden vergebens. Seine Tugend beschämt alle Rezepte und Ärzte.«

Auch heute noch benutzt man das Johanniskraut als entzündungshemmende und nervenberuhigende Arznei. Was Paracelsus recht war, sollte Ihnen in Form von norddeutschem Johanniskraut-Schnaps billig sein.

Als der heilige Petrus eines Tages erfuhr, daß Bösewichte sich einen Nachschlüssel zum Himmelstor angefertigt hatten, erschrak er so sehr, daß ihm sein großer Schlüsselbund aus den Händen fiel. Er landete auf der Erde mitten in einer schönen Wiese. Petrus ließ seine Schlüssel zwar sofort zurückholen, aber an der Stelle, wo sie gelegen hatten, wuchsen von Stund an wunderschöne Blümchen. Ihre gelben Blüten hatten die Form der himmlischen Schlüssel. Und deshalb nannten die Menschen sie Himmelsschlüssel.

Vielleicht verdienen sie diesen zauberhaften Namen aber auch noch auf andere Weise. Wer sie richtig einzusetzen weiß, dem erschließen sie ihre heilsamen Kräfte und tun viel Gutes. Davon wußte schon der mittelalterliche Kräuterheilkundige Hieronymus Bock zu berichten:

»Das gebrannte Wasser davon gibt man schwachen, kranken Menschen, die gar keine Kraft mehr haben.«

Viel später empfahl der Kräuterpfarrer Künzli seinen Kranken »Schlüsseli-Likör«. Auch er ist von der kräftigenden Wirkung dieses Getränkes überzeugt und empfiehlt es besonders bei Rheumatismus. Falls sie glücklicherweise nicht am Zipperlein leiden, hätten Sie doch guten Grund, den Schlüsselblumen-Likör des Pfarrers zu probieren. Er berichtet nämlich voller Begeisterung, daß er »an Feinheit und Güte den weltberühmten Schartrös [Chartreuse] übertrifft«.

Vom Waldmeister und vom Borretsch berichten die Pflanzenkundigen gleichermaßen, daß sie das Gemüt aufheitern. In alten Büchern heißt es von den himmelblauen Borretschblüten:

»Auch schenken seine Blätter, in Wein getrunken, einen

fröhlichen Mut und erfreuen und erquicken das Herz, so daß alle Melancholie daraus vertrieben wird.«

Am besten probieren Sie selbst aus, was fröhlicher macht – der Waldmeister oder die Bowle –, der Borretsch oder der Wein!

Auch Thymian-Wein wird traurigen Gemütern schon frühzeitig in der Geschichte des Abendlandes zur Aufheiterung empfohlen. Er soll eine »treffliche Art« haben, »alle innerlichen Glieder zu wärmen und zu stärken«. Probieren Sie den Thymian-Wein also am besten an einem kalten Herbstabend.

Sollten Sie sich aber entschließen, an einem warmen, romantischen Sommerabend eine Reseda-Bowle anzusetzen, dann erzählen Sie Ihren Gästen auch gleich die Geschichte der Blumen, die mindestens 150 Jahre lang der Inbegriff des geheimnisvollen Duftes in Europa waren. Der französische Arzt Granger entdeckte die Reseda in der Cyrenaika und schickte Samen an den königlichen Garten in Paris. 1742 wurden Resedasamen nach England gebracht. Einige Jahre später schrieb ein Bewohner Londons:

»Sie erfüllt die Londoner Luft beinahe zu stark, beinahe so stark, wie der Geruch frisch gerösteten Kaffees die Pariser Luft erfüllt.«

Kaiserin Joséphine, die Rosen- und Blumenliebhaberin, pflanzte als erste Reseda in Töpfen. Bald war der Resedatopf in ganz Europa große Mode. Resedasträußchen wurden an allen Straßenecken verkauft. Ein Hektar Land, mit Reseda bepflanzt, brachte einem Gärtner umgerechnet 8000 bis 12000 Mark ein.

Gegen Ende des 19. Jahrhunderts hatte die Blume mit den kleinen unscheinbaren Blüten und dem großen wunderbaren Duft alle Gärten erobert. Heute ist der Name Reseda nur noch

Thymian.
Sein Namm/vnd Geschlecht.

Jfkryechisch/latinisch/vnd Frantzösisch/ heysszet Thymus/Thymian zů Teütsch. Vnd ist sein zweyerley geschlecht/weisser/vñ schwartzer. Wachsen beyderley niderträchtig/mit kleynē blettlin/an einem zarten stenglin/vnd gibt im summer rote blůmlin/die mögē nit wol regē leiden. Haben kein samen anders dañ die abfallende blůmlin/welche man erachtet/das sye sein sam seyen.

Sein Statt.

Thymian wächsst gern an steynechten vnd vnfruchtbaren orten/ vorab wo der möslufft härwähet. Ist doch seinen in vnseren landen genůgsam vil/zůuor in Franckreich in der Nathoneser gebyet. Den soll man samlen weñ er blüet/vñ am schatten dürr lassen werden. Der Weissz Thymian ist auch besser dann der Schwartz.

Sein Complexion.

Galenus will/dz der Thymiã sey in der wörme wol temperieret bitz in den dritten grad/in welchem er trücknet. Dañethär ym ein durchschneidende krafft entstot.

Sein Krafft.

Beyderley Thymian seind dem gesycht/das zů schörpffen/vast gůt/speisz/oder artzneys weisz yngenummen.

Thymian mit saltz vnd essig/dyner latwergs weisz langsam abhyn geschluckt/ist seer gůt den langwyrigen hůsten zů vertreiben. dann er bricht yn/vnd bringt ein lynds vfwerffen.

Für ruckenwee/oder dem zwischen den schulteren/oder dem an der brust wee ist/der brauch thymian mit essig vñ honig. Das gibt man auch den synnlosen/vnd melancholischen menschen.

Der geschmack von thymian erweckt die so die fallend sucht haben. Vnd ist ynen trefflich gůt/so sye vff Thymian entschlaffen.

Ist auch dyenstlich denen/so vffrecht vñ schwärlich keichen/den

Thymian.
Aus dem *Contrafayt Kreüterbuch,* 1532.

blasse Erinnerung. Säen Sie sie einmal am Fenster oder im Garten aus. Machen Sie eine Bowle daraus und erzählen die Blumengeschichten aus alten Zeiten.

Blüten, in Wein und Weingeist schwimmend, erheitern das Gemüt und verlocken zum Fabulieren...

Rosen-Likör

125 g frisch gepflückte, gut verlesene und stark duftende Rosenblätter werden in ein Gefäß mit ½ l lauwarmem Wasser geschüttet, fest zugedeckt und zwei Tage so beiseite gestellt. Danach siebt man das Wasser durch ein feines sauberes Baumwolltuch und preßt die Rosenblätter darin sanft aus, vermischt das so gewonnene Rosenwasser mit der gleichen Menge feinem Franzbranntwein oder Kirschwasser, fügt pro Liter Flüssigkeit 250 g aufgekochten Zucker, einige Korianderkörner und ein klein wenig Zimt hinzu, läßt das Ganze 14 Tage an der Sonne ziehen und fügt nach Belieben noch etwas Malventee zum Färben hinzu. Dann wird der Rosen-Likör in Flaschen gefüllt.

Man kann auch die nötige Menge frischer Rosenblätter in eine große Glasflasche schütten, mit feinem Branntwein oder Weingeist übergießen, einige Wochen an der Sonne stehenlassen, den Branntwein durchsieben, mit dünnem Zuckersirup vermischen, abermals filtrieren und in Flaschen füllen.

Oder man kocht den Zucker mit Rosenwasser auf, gießt nach dem Erkalten des Sirups einige Tropfen feine Rosenessenz zu, vermischt ihn mit der gleichen Menge feinem Branntwein, färbt den Likör mit ein wenig Malventee rosenrot ein, filtriert ihn und zieht ihn auf Flaschen.

Rosenblüten-Brandy auf englische Art

Eine saubere weiße Glasflasche wird gerüttelt voll mit frisch gepflückten, gut verlesenen Zentifolien-Blütenblättern angefüllt. Dann wird so viel feinster französischer Brandy (Cognac) daraufgegossen, wie die Flasche faßt. Nun wird das Gefäß fest verkorkt und zwei bis drei Wochen an die Sonne gestellt. Man benutzt diesen Rosen-Brandy, um Backwerk und Mehlspeisen einen feinen Beigeschmack zu geben.

Orangenblüten-Likör

Man läßt 100 g frisch gepflückte, gut verlesene Orangenblüten vier Tage lang in 2 l feinstem Branntwein (Cognac, Kirschwasser usw.) an einer sonnigen Stelle ziehen, siebt dann den Branntwein durch, vermischt ihn mit 750 g Zucker, der in 1 l Wasser aufgekocht wurde, filtriert das Getränk noch einmal und füllt es auf Flaschen.

Danziger Goldwasser

Man füllt 1 l Branntwein mit 100 g frischen Rosenblättern, ebensoviel Orangenblüten, 2 g Zimtblüten und 1 g Nelkenblüten in Flaschen und läßt diese Mischung 14 Tage lang ziehen. Dann kocht man 250 g Zucker auf, vermischt ihn mit dem destillierten Branntwein, fügt zwei Löffel Rosenwasser, ebensoviel Orangenblütenwasser und drei Blatt Goldschaum hinzu, füllt das Getränk in Flaschen und verkorkt sie gut. Dieses Goldwasser wird kühl aufbewahrt.

Himmelsschlüssel.
Holzschnitt aus dem *Contrafayt Kreüterbuch*, 1532.

Johanniskraut-Schnaps

Im Dithmarschen braut man einen Johanniskraut-Schnaps, der gut gegen Bauchschmerzen sein soll; deshalb heißt diese Blume dort »Lievwehblom«.

Schütten Sie eine Handvoll Johanniskrautblüten in eine Flasche, gießen Sie klaren Schnaps darüber, verschließen Sie sie und stellen Sie sie auf eine Fensterbank in die Sonne. Nach etwa einer Woche gießt man den Alkohol durch ein Sieb. Dann kocht man Zucker auf, und zwar ein Pfund Zucker pro Liter Flüssigkeit, und mischt ihn unter den Johanniskraut-Schnaps. Nun kann das Getränk in Flaschen gefüllt oder so verwahrt werden, bis Bauchweh oder ein besserer Anlaß Grund dazu gibt, den Schnaps zu servieren.

Himmelsschlüssel-Likör

Frische Himmelsschlüsselblüten werden in eine große Flasche gefüllt. Dann gieß man ¼ l guten Alkohol darüber (Cognac oder klaren Branntwein) und ¾ l Wasser, so daß die Blüten ganz zugedeckt sind. Nun mischt man noch eine Prise frische Pfefferminze hinzu, verkorkt die Flasche gut und stellt das Ganze acht Tage an die Sonne. Nach dieser Zeit filtriert man die Flüssigkeit und mischt pro Liter ein Pfund Zucker dazu. Dann ist der Likör nach dem Rezept des Pfarrers Künzli fertig. Verwenden Sie nur Gartenblumen; wilde Schlüsselblumen sind geschützt.

Maiwein
(Ein altes Rezept)

60 g Melisse, 45 g schwarze Johannisbeerblätter, 15 g wilder Thymian, 9 g Pfefferminze, 8 g Estragon, Pimpinelle, 5 Blätter vom besten Salbei, 3 g Balsam, Lavendel, 2 bis 3 in Scheiben geschnittene Zitronen ohne Kerne, 8 bis 10 Flaschen halb Rhein-, halb Moselwein und zu jeder Flasche 75 g bis 90 g Zucker.

Die Kräuter legt man in ein Bowlegefäß und fügt Wein und Zucker hinzu. Es dürfen diese aber höchstens nur eine halbe Stunde ziehen und müssen dann entfernt werden. Die Zitronen läßt man darin und gibt zur Verschönerung noch Apfelblüten, Veilchen und Erdbeerblüten hinzu, die zu einem Kranz gebunden werden.

Waldmeister-Bowle

Blühender Waldmeister wird zu einem Sträußchen gebunden, gewaschen und abgetropft. Dann hängt man ihn in ein Bowlegefäß und gießt zwei Flaschen Weißwein und eine Flasche Sekt darüber. Nun wird das Getränk kaltgestellt. Nach einer guten halben Stunde nimmt man das Waldmeistersträußchen heraus und süßt die Bowle nach Geschmack mit Würfelzucker.

Rosen-Bowle

Pflücken Sie sechs bis acht frische duftende Rosenblüten. Zupfen Sie die Blütenblätter ab, verlesen und waschen Sie sie und lassen Sie sie abtropfen. Sie schütten dann die Rosenblätter in ein Bowlegefäß, streuen 125 g feinen Zucker darüber, fügen ein Glas guten Cognac hinzu und füllen mit einer Flasche Rotwein auf. Diese Mischung bleibt zugedeckt eine Stunde stehen. Dann wird sie durchgesiebt und mit einer Flasche Rheinwein und zwei Flaschen Sekt abgefüllt. Kurz vor dem Servieren legen Sie in die Bowle noch einige frische Rosenblättchen, die dann wie bei den alten Römern im Getränk schwimmen.

Weinblüten-Bowle

Nehmen Sie statt der Waldmeisterblüten Weinblüten, wenn Sie selber einen Weinstock besitzen oder in einem Weinanbaugebiet wohnen und von einem Winzer ein paar Blüten geschenkt bekommen. Diese Bowle wird genau wie Waldmeister-Bowle angesetzt.

Veilchen-Bowle

Eine Tasse voll frisch gepflückte Veilchenblüten ohne Stiele und Blätter werden mit dem Saft von zwei Apfelsinen und zwei Flaschen würzigem Weißwein übergossen. Dann wird das Gefäß zugedeckt. Man läßt die Flüssigkeit einige Stunden durchziehen. Anschließend wird die Flüssigkeit durchgesiebt und mit 100 g Zucker, der zuerst aufgekocht und dann wieder abgekühlt wurde, vermischt. Stellen Sie die Bowle in den Kühlschrank und fügen Sie kurz vor dem Servieren noch eine Flasche Sekt hinzu.

Reseda-Bowle

Nehmen Sie nur die Blüten der Reseda, die Sie zu einem kleinen Sträußchen zusammenbinden. Legen Sie es in eine Bowleschüssel und übergießen Sie es mit ¼ l Rum, etwas Zucker und einer halben Flasche Weißwein. Die Flüssigkeit sollte mehrere Stunden zugedeckt ziehen. Dann wird sie durchgesiebt und mit zwei Flaschen Rheinwein aufgefüllt. Süßen Sie nach Geschmack und stellen Sie die Reseda-Bowle noch eine Weile kalt. Erst wenn sie serviert wird, werden noch zwei Flaschen Sekt hinzugefügt.

Englischer Löwenzahn-Wein

Man zupft die gelben Röhrenblüten des Löwenzahns heraus, eine Menge, die etwa vier Litern entspricht. Achten Sie genau darauf, daß sich keinerlei Ungeziefer mehr darin befindet. Diese Blüten gibt man in einen Topf und übergießt sie mit 4½ l abgekochtem, noch heißem Wasser, rührt sie tüchtig um, deckt das Gefäß mit einem Tuch zu und läßt es drei Tage so stehen, indem man es während dieser Zeit mehrmals umrührt. Dann siebt man das Wasser durch, kocht es eine halbe Stunde lang mit der Schale einer Zitrone und einer Apfelsine, etwas Ingwer und 1¾ kg Zucker, fügt die geschälte Zitrone und die Apfelsine (in Scheiben geschnitten und von den Kernen befreit) zu der siedenden Flüssigkeit und läßt dann alles abkühlen. Zum Schluß fügt man noch eine geröstete Scheibe Brot mit etwas Hefe hinzu. Nach ein bis zwei Tagen, wenn der Gärungsprozeß vorbei ist, schüttet man die Flüssigkeit in ein kleines Faß und füllt den Wein zwei Monate später auf Flaschen; er soll sehr gut gegen Leberleiden sein.

Borretschblüten-Wein

Sie können aus Borretschblüten nach demselben, etwas komplizierten Rezept wie bei den Löwenzahnblüten selber einen Wein herstellen.

Sie können es sich aber auch einfacher machen und eine Handvoll Borretschblüten in eine Flasche guten Weißwein schütten. Lassen Sie die Mischung ein paar Stunden kühl gestellt ziehen. Kosten Sie dann den Borretsch-Wein mit den himmelblauen Blüten.

Thymian-Wein

Für den Thymian-Wein schneiden Sie mitten im Sommer an einem heißen Tag blühendes Thymiankraut ab. Lassen Sie die Kräuterbüschelchen eine Weile in Wein ziehen. Filtrieren Sie dann die Flüssigkeit und probieren Sie, welch wunderbaren würzigen Geschmack Ihr eigener Thymian-Wein hat.

Magenbitter aus Tausendgüldenkraut

Ein Teelöffel voll Tausendgüldenkraut mit Blüten, ein Teelöffel voll Fieberklee (Menyanthes), eine Prise Wermut und eine Prise Kamillenblüten sowie einige Pomeranzenschalen werden in 2 l Rotwein angesetzt und acht Tage an die Sonne oder an einen warmen Platz am Ofen gestellt. Danach wird der Wein abgegossen und filtriert. Dabei werden die Kräuter noch ein wenig ausgedrückt. Der Magenbitter ist nun fertig, wird in eine saubere Flasche umgefüllt, gut verschlossen und kühl aufbewahrt.

Wenn Sie zweimal täglich ein kleines Likörgläschen davon trinken, dann erwärmt dieser bittere, medizinische Likör den Unterleib, fördert die Verdauung und regt Leber und Niere an.

Wermut-Wein
(Altes Rezept von Jakob Theodor Tabernaemontanus, 1520–1590)

»Andere nehmen dürren Wermuth / wäschen den fein sauber / und thun den in ein spitzen wüllenen Sack / darnach schütten sie Wein darüber / lassen den so offt durchlauffen / biß der Wein alle Krafft des Wermuths an sich gezogen / und bitter genug geworden ist. Auf solche Weiß kan man zu jeder Zeit über Jahr auf ein Eil guten Wermuth-Wein vor gesunde und krancke Leut machen / die dessen fonnöten seyn. Deszgleichen kan man auch sonst von andern Kräutern gute Kräuter-Wein machen / welches alles in 2 Stunden geschehen kann.

Ein andere Art für trefflichen Wermuth-Wein auf ein Eil zu machen. Nimm den öbersten Gipffel vom Wermuth mit den Blumen / füll ein zimlich Violglaß damit über das halb Theil / also daß der vierdte Theil leer bleibt / gieß darüber guten rectificierten gebrannten Wein und Malvasier / jedes gleich viel.

Etliche machen den Wermuth-Wein also: Sie nehmen dürren Wermuth / ein wenig zerstoßen oder zerschnitten nach ihrem Gefallen / sieden den im Herbst in frischem Most wie er von der Kelter kommt / als viel man will / den 3. Theil ein / und verschäumen den im Sieden stätig / lassen ihn darnach über Nacht stehen. Morgens lassen Sie denselben durch ein wüllen Sack laufen / thun den folgends in ein Faß / darzu giessen Sie noch ferner zwey oder dreymal so viel süß Mosts / kleiben ein Hafen darüber wie gebräuchlich ist / und lassen den Wein also durch einander verjähren. Wann das geschehen / schlagen Sie das Faß zu / und behalten den Wein zur Nothdurfft / und wann man darab trincket / füllet man den anderm Wein wiederum zu.«

Blütentees

Das Verhältnis der Menschen zu den Pflanzen ist so uralt wie die Entwicklung des Lebens auf unserem Planeten. Das Lebewesen Pflanze hat dem Menschen viele Millionen Jahre voraus auf dem langsam erkaltenden Stern, den wir Erde nennen. Riesige Zeiträume der Anpassung und der Artenentwicklung durchlebten die Pflanzen in Hitze und Kälte, in Dürrekatastrophen und Sintflut-Überschwemmungen. Diese stummen, ortsgebundenen Geschöpfe klammerten beharrlich ihre Wurzeln ins Erdreich, erhoben ihre vielgestaltigen, säftedurchströmten Körper in den Luftraum und führten mit Nährstoffen aus dunklen Bodentiefen und lichter Sonnenenergie, die sie aufnehmen und umwandeln konnten, ein wunderbares Stoffwechselleben.

Sie beherrschen die Kunst des Überlebens auf phantastische Weise – von den zähen Gewächsen arktischer Steppen bis zu den Palmen in der Wüste. In Kalifornien wachsen und leben noch heute Urwelt-Mammutbäume, die mindestens 4000 Jahre alt sind. Sie ertrugen schon Sonne und Sturm, Regen und Durst, als in Ägypten die Pharaonen herrschten. Einige Moose und Schachtelhalme haben in kaum veränderter Gestalt seit Jahrmillionen die Erde bevölkert bis zum heutigen Tag.

Im Verlauf ihrer langen Entwicklung brachten die verschiedenen Pflanzenarten unzählige Blütenformen hervor. Je günstiger die Lebensbedingungen waren, desto üppiger, bunter und vielgestaltiger entwickelten sich die Blumen. Ein farbenprächtiger, seidenschimmernder, duftender Luxus, den sich gutsituierte Pflanzen leisten konnten – möchte man annehmen. Aber wir Menschen betrachten Blumen zu sehr von der ästhetischen Seite. Für eine Pflanze ist die Blüte – sei es eine schneeweiße Schmetterlingsorchidee oder eine blutrote Rose – nur ein Lockmittel, das zielsicher für die Fortpflanzung und die Erhaltung der Art eingesetzt wird. Duft und Farbenglanz sollen nur die Insekten anlocken, die auf diesen Trick hereinfallen und, auf der Suche nach Nektar und Honig, die Bestäubung vollziehen. Der Ausruf des Entzückens ist – zumindest aus der Sicht der Pflanze – völlig überflüssig.

Pflanzen konnten und könnten sehr gut auf dieser Erde ohne die Menschen leben, aber wir Menschen könnten niemals ohne die Pflanzen leben.

Mit winzigen Moosen fing die Entwicklung des Lebens auf unserem Planeten an. Pflanzen bauten die erste Lebensstufe auf einem öden Stern auf. Aus sterbenden Pflanzen wuchs langsam die Humusschicht, in der heute unsere Nahrungspflanzen gedeihen. Der Pflanzenmantel, der den Planeten bedeckt, reguliert den Wasserhaushalt der Erde und den Sauerstoffgehalt der Luft. Pflanzen in vielfältigen Formen dienen Tieren und Menschen als Nahrung. Ein Leben ohne Pflanzen wäre undenkbar.

Für unsere Ahnen in grauer Vorzeit war das Leben mit den Pflanzen selbstverständlich. Sie mußten die Eigenarten von Blüten, Blättern, Früchten und Wurzeln genau kennen, um überleben zu können. Was in den Wäldern wuchs, war unmittelbare Nahrungsquelle. Durch jahrtausendelange Erfahrungen lernten die Menschen auch die heilsamen Kräfte kennen, die in vielen Gewächsen verborgen sind. Von da an waren Pflanzen nicht nur gut gegen den Hunger, sondern sie halfen auch im Kampf gegen viele Krankheiten.

Den Luxus der Schönheit konnte sich das Menschengeschlecht erst in späterer Zeit leisten. Solange der Bauer in mühsamster Arbeit auf seinem Acker nur so viel erntete, daß er gerade satt wurde, solange hatte er keinen Sinn für die zarten blauen Glockenblumen am Wegrand. Erst in reichen Hochkulturen, wo zumindest die Herrschenden Zeit für Muße hatten, holte man sich außer den Nutzpflanzen auch Blumen in die Gärten. Welch ein Luxus – Gewächse, deren Lebenszweck nur in der Entfaltung schöner Blüten bestand! Und diese Blüten sollten nur Freude und Entzücken wecken – nichts weiter!

Das Leben der Menschen erreichte andere Dimensionen – es ging nicht mehr nur ums nackte Überleben, es ging nun darum, das Dasein angenehm und abwechslungsreich zu gestalten.

Der Umgang mit blühenden Pflanzen hat sich seitdem – bis zum heutigen Tag – fast ganz auf eine ästhetische Ebene verlagert. Wir pflanzen Blumen in unsere Gärten, wir kaufen sie in Blumenläden, weil wir ihre zarten, farbigen, duftenden Gestalten lieben. Es erscheint uns fast als Frevel, daß man aus Blüten etwas anderes machen könnte als einen dekorativen Strauß. Das Wissen vom geheimnisvollen »Innenleben« der Pflanzen und damit auch der Blüten ging uns weitgehend verloren bei der Anbetung ihrer äußeren Schönheit.

Und damit sind wir wieder bei unserem Blütenreigen der Köstlichkeiten, in dem angenehme und nützliche Eigenschaften von Blumen harmonisch miteinander verflochten werden sollen.

In diesem Abschnitt finden Sie eine der ältesten Arten, wie man Blüten zu Getränken verwenden kann: als Blütentee.

Solche Blütentees sind wohlschmeckend, aromatisch und vor allem heilsam. Das Wissen um die verborgenen Eigen-

schaften der Feld-, Wald-, Wiesen- und Gartenblumen war vor ein paar hundert oder auch tausend Jahren viel lebendiger als heute. So sagte im 16. Jahrhundert der große Arzt Paracelsus:
»Alle Wiesen und Matten, alle Berge und Hügel sind Apotheken.«

Im gleichen Jahrhundert erschienen mehrere umfangreiche Kräuterbücher, in denen große Pflanzen- und Heilkundige wie Hieronymus Bock, Brunfels und Leonhard Fuchs ihre eigenen Beobachtungen und das überlieferte Wissen der Griechen, Römer und Araber niederschrieben.

1572 erschien zu Straßburg das *Kreutterbuch* von Hieronymus Bock, in dem er schrieb:

»Nach Erkündigung aller Geschrifft under der hellen Sonnen erfindet sich klar, das der Allmechtig Gott und Schöpffer der aller erst Gartner, Pflantzer und Bawmann [Baumann] aller einfachen gewächsen ist und bleiben würt. Dann züvor und ehe der Mensch geschaffen, seind je alle Gewächs mit ihrer zierung, artlichem gschmuck, krafft und Würckung auß der lieben Erden gekrochen und von Gott nach aller notturfft zugerüst und außbereyt gewesen.«

Im gleichen Buch beschreibt Bock auch den langen und mühevollen Weg, den die Menschen gehen mußten, bis sie die Schlüssel zu den Geheimnissen der stummen Pflanzengeschöpfe fanden. Oft waren es die Tiere, die, ihren Instinkten folgend, heilsame Pflanzen benutzten und die beobachtenden Menschen darauf aufmerksam machten:

»Das kün unverzagt Wieselin, Mustela, wann es ein zanck oder kampff mit den Ratzen und Schlangen anfahen will, versorgt es sich zuvor mit wein Rautten blettern.

Die Katzen haben ihre besondere Kreutter und Wurtzel zu den dunckelen augen als das Nepten kraut und die wurtzel Baldrian; die selben pflegen sie nit allein zu essen, sondern reiben ihre augen damit und waltzen mit gantzem leib darauff, welches ich selbs vil manch mal war genommen.

Das Gevögel hat von Natur auch seine artznei. Die Storken [Störche], wann sie im leib nit wohl sich befinden, fassen sie des versaltzenen Meerwassers in den langen kragen und gißens ihnen selbs durch den schnabel in den hindern, davon würt der verstopfft leib, als durch ein Clysterium, wiederumb eröffnet. Neben dem Saltzwasser brauchen auch die Storken zur Artznei den wohlriechenden Dosten, Origanum. Die krancken Raben, Dulen [Dohlen], Feldthühner, Feldtdauben, die Häher, Graculi, und der Merlin geschlecht, purgieren sich järlich mit grünem Lorbeerlaub...

Das bitter Schöllkraut haben die Schwalben zu den dunckelen augen nützlich ins geschrei bracht, dann sie etzen mit gemeltem Schöllkrautsafft ihren jungen die augen wiederumb auff, sagt Aristoteles.

Die Schlangen bringen ihr dunckel gesicht im Früling mit dem Fenchelkraut widerumb zurecht, und den alten ihren winter balck streiffen sie gemeinlich an den Weckholterstauden ab. Die krancken Schnecken helfen ihnen selbers mit dem kraut Cunila, das ist Quendel.

Solcher jetz gemelter erfarung möchten wol mehr erzählt werden. Es sein aber dise darumb angeregt, daß man sehen soll, wie die Natur, Gottes Dienerin, allen lebendigen Creaturen jedem sein hilff und Artznei einbildet. Noch sein wir so gar auffs gut und andere unnütze ding behafft, das wir der aller notwendigsten stücken nichts oder gar wenig achten.«

Wenn wir diesen letzten Satz eines Pflanzen- und Heilkundigen aus längst vergangener Zeit in unsere Alltagssprache übersetzen, dann erscheint er uns von bestürzender Aktualität: »Wir sind so sehr mit Geldverdienen und der Anschaffung unnützer Dinge beschäftigt, daß wir für die wirklich wichtigen Angelegenheiten des Lebens keine oder fast keine Zeit haben.«

Zu diesen »wirklich wichtigen Angelegenheiten« gehört vor allem unsere Gesundheit, gehören aber auch Stunden der Muße, des Träumens, des Genießens. Tee war schon immer und in allen Variationen ein Getränk für besinnliche Stunden. Blütentees erfüllen Ihre Wohnräume mit besonderen, schwer zu erratenden Düften. Sie tun wohl, wenn sie an kalten Tagen heiß getrunken werden; manche Sorten erfrischen auch eisgekühlt an schwülen Sommertagen.

Blütentees sind die gesündesten und preiswertesten Getränke, die es gibt. Es ist eigentlich sehr verwunderlich, daß so wenig Gebrauch gemacht wird von diesem reichen Angebot der Natur.

Getrocknete Blütentees kann man in jeder Apotheke kaufen und zu Hause in gut verschlossenen Gläsern aufbewahren. Noch wertvoller sind die frisch gepflückten Blüten für die Teezubereitung. Während eines Wochenendausflugs oder bei einem Spaziergang in der heimischen Umgebung können Sie Kamillenblüten, Holunder-, Heidekraut-, Mohn- oder Malvenblüten sammeln. Viele Unkräuter, die eigentlich Heilkräuter sind, wachsen auch in den Gärten.

Leider muß man darauf aufmerksam machen: Sammeln Sie Teeblüten nur dort, wo Sie sicher sind, daß keine Insektenvernichtungsmittel gespritzt wurden und wo sich auch andere Umweltverschmutzungen in Grenzen halten. An stark befahrenen Straßen erreicht die Bleiablagerung in den angrenzenden Wiesen so hohe Werte, daß vom Genuß der dort wachsenden Pflanzen dringend abgeraten werden muß. Suchen Sie sich also möglichst stille, abgelegene Plätze, um Blütensträuße für die Teekanne zu pflücken. Von getrockneten Blüten sollten Sie immer einen kleinen abwechslungsreichen Vorrat im Haus haben, so daß Sie jederzeit nach Lust und Laune oder auch um Ihrer Gesundheit willen Tee zubereiten können.

Und dies ist die goldene Blütentee-Regel: Für eine Tasse Tee nehmen Sie so viele Blüten, wie Sie zwischen drei Fingern fassen können (etwa einen Kaffeelöffel voll). Der Tee wird mit kochendem Wasser übergossen, das Gefäß verschlossen und zehn Minuten zum »Ziehen« still stehengelassen. Dann ist Ihr Blütentee fertig zum Servieren. Was eine Blume an Düften und heilsamen Bestandteilen zu bieten hat, ist in dieser Zeit im heißen Wasser gelöst worden und kommt jedem zugute, dem Sie eine Tasse Blütentee reichen.

Sollten Sie einmal belächelt werden oder sollten Ihre Blütentees als »altmodisch« beiseite geschoben werden, dann denken Sie am besten an den alten Satz des großen Arztes und Naturforschers Paracelsus, der heute noch so wahr ist wie vor fast 500 Jahren:

»Der Größte ist der, der die Natur und die Wunder weiß, lernt und erfährt; der nichts kann, noch erfährt, noch weiß, ist tot.«

*

Doch was im Garten
am reichsten blüht,
das ist des Liebchens
lieblich Gemüt.
Da glühen Blicke
mir immerfort,
erregend Liedchen,
erheiternd Wort.

Ein immer offen,
ein Blütenherz,
im Ernste freundlich
und rein im Scherz.
Wenn Ros' und Lilie
der Sommer bringt,
er doch vergebens
mit Liebchen ringt.
Johann Wolfgang von Goethe

Klatschmohn-Tee
(Papaver rhoeas)

Der feuerrote Klatschmohn wuchs einst zusammen mit den blauen Kornblumen in jedem Getreidefeld. Aber »Unkraut« hat heute kein Lebensrecht mehr. Und so fiel der seidenblättrige Mohn unserer Kindertage mit vielen anderen bunten Feldblumen den Herbiziden zum Opfer. Man muß lange suchen, bis man irgendwo noch Klatschmohn findet. Wenn sich die Blütenblätter aus den behaarten Knospenhüllen drängen, sehen sie aus wie zerknitterte Seide.

Der Feldmohn ist ein bäuerlicher Verwandter des Schlafmohns (Papaver somniferum), aus dessen Samenkapseln das Opium gewonnen wird.

Aus den Blütenblättern des Klatschmohns dürfen Sie aber unbesorgt einen Tee zubereiten. Er wirkt bei weitem nicht so stark narkotisierend wie der Opiummohn, nur leicht und angenehm beruhigend. Bei Krampfhusten, Heiserkeit und Verschleimung hilft er besonders gut.

Nach aufregenden Tagen bewirkt eine Tasse Mohnblütentee sanfte Entspannung.

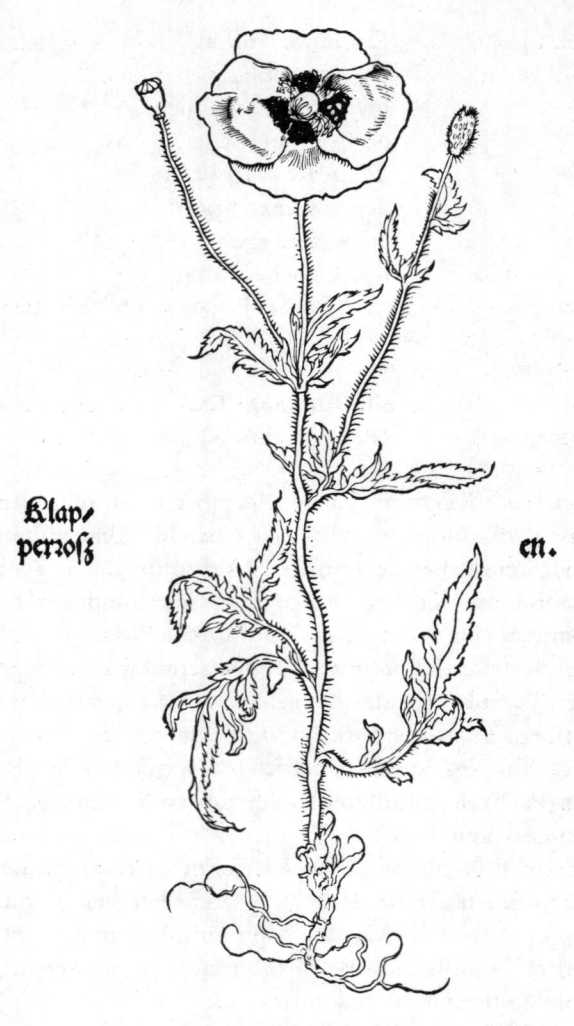

Klatschmohn.
Holzschnitt aus dem *Contrafayt Kreüterbuch*, 1532.

Wenn Sie einen besonderen Lieblingstee haben, können Sie einfach ein paar Blättchen Klatschmohn hinzufügen, um in den Genuß seiner beruhigenden Wirkung zu kommen.

Holunderblüten-Tee
(Sambucus nigra)

Schwer und süß duftet im Juni die Holunderblüte. Selbst alte, knorrige Sträucher sind dann wie mit elfenbeinweißen Spitzen eingehüllt. Der seit alten Zeiten heilige Hollerbusch wächst gern bei den Häusern der Menschen. Unsere Vorfahren wußten diese stillschweigende Nachbarschaft zu schätzen. Sie verwerteten fast alles von dieser wunderbaren, heilkräftigen Pflanze: die Blüten, die Blätter, die Beeren, die Wurzeln und die Rinde. Die Holunderblüten enthalten viel ätherisches Öl, Zucker, Apfelsäure, Baldrian und Weinsäure.

In manchen Gegenden Deutschlands nennt man den Holunderblüten-Tee auch Flieder-Tee, obwohl er mit diesem Blütenstrauch botanisch nichts zu tun hat. Aufschlußreich ist dagegen die volkstümliche Bezeichnung »Pisseke«. Dieser bildhafte Name deutet darauf hin, daß Holunderblüten-Tee schweiß- und harntreibend ist.

Wenn an einem naßgrauen Herbstabend sich die ersten Anzeichen einer Erkältung bemerkbar machen, sollten Sie unbedingt eine Tasse heißen, duftenden Holunderblüten-Tee aufgießen. Er wirkt beinahe Wunder!

Labkraut-Tee
(Galium verum)

In alten Zeiten lebte einmal am Rhein ein König, von dem erzählt wird (nach Montanus):

> »Er versprach den Ärzten großen Lohn,
> wenn sie dem Tod sprächen Hohn!
> Die gaben ihm still und vertraut
> den Saft vom Labkraut.
> Es trank davon der König
> alle Tage ein wenig.
> Er hatte aber einen Knecht,
> dem war ein langes Leben auch recht;
> der hatte auch von dem Tranke genascht,
> aber er ward von dem König dabei erhascht!
> Der wollte ihn köpfen lassen.
> Allein der schlaue Knecht wußte sich zu fassen.
> Er sprach: ›Haltest du mich des Todes wert,
> so hat sich dein Trank nicht bewährt;
> denn er soll langes Leben
> dem, der ihn trinket, geben!‹
> Das sah der König richtig ein,
> und ließ darauf das Köpfen sein.
> Lang lebten sie noch in Mut und Kraft,
> bis das Alter sie dann hinweggerafft.«

Das echte alte Labkraut mit seinen duftenden, gelben Blüten hat durch viele Jahrhunderte einen guten Ruf gehabt. Zwar konnte es kein ewiges Leben schenken, wie es sich der »König am Rhein« erhoffte, aber es bewirkte doch viel Gutes. Es war schon der germanischen Freya, der Erdmutter und Göttin der Liebe, heilig.

Im Mittelalter legten sich die Frauen Labkraut ins Bett, um die Geburt zu erleichtern; man nannte es auch das »Bettstroh unserer lieben Frauen«. Die zerkleinerten Blüten legte man auf Wunden und Brandblasen. Daher kommt wohl der Name »Wundstillkraut«.

Das Labkraut enthält ein Labferment (Saponin), das die Milch zum Gerinnen bringt. Deshalb war es früher bei den griechischen Hirten üblich, aus der Pflanze eine Art Sieb zu flechten, durch das sie die Milch gossen, wenn sie schnell gerinnen sollte.

Heute weiß man, daß diese Saponine das Labkraut zu einem wirksamen Nierentee machen.

Königskerzen-Tee
(Verbascum densiflorum)

Die leuchtenden gelben Blüten der Königskerzen haben einen harzigen Honiggeruch. Man nennt sie auch Wollblumen. Gießen Sie Königskerzen-Tee vor dem Trinken durch ein sauberes Tuch, so werden die feinen Härchen, die an den Blüten haften, ausgeschieden. Sie sind zwar nicht gefährlich, können aber empfindliche Kehlen reizen.

Die hohen Blütenstiele der Königskerzen wachsen aus einer Rosette silbergrüner, filziger Blätter.

Die Pflanzen lieben magere, trockene, steinige Böden. Sogar auf Schutthalden und an Bahndämmen kann man Königskerzenblüten sammeln. Tun Sie das aber nur bei trockenem, sonnigem Wetter.

Der Tee aus den Blüten der Königskerzen ist vor allem an naßkalten Wintertagen gut. Er hilft bei Erkältungen, Husten und Bronchialkatarrh.

Das Getränk hat eine schöne goldgelbe Farbe, und schon der würzige Geruch verrät Ihnen etwas von den verborgenen Wohltaten, die Ihnen zusammen mit dem Wollblumen-Tee zugute kommen werden.

Heidekrautblüten-Tee
(Calluna vulgaris)

»Auf der Heide blüht ein kleines Blümelein«, heißt es im Volkslied. Aber diese kleine Blume, die auch den Namen Erika trägt, ist von großer Ausdauer und Zähigkeit. Die niedrigen, holzigen Halbsträucher überziehen kilometerweite Flächen. Kalkarme Heide-, Moorböden und sandige Waldlichtungen decken sie mit einem blühenden, lilarosa Teppich zu.

»Diese Blumen seynd fast gut für die gichtbrüchige Glieder«, hieß es schon in einem alten Kräuterbuch.

»Die Blätter / Kraut und Blumen abgestreifft / gehackt und gebrant / wenn es blühet. Heydwasser ist fast gut zu den blöden Augen / Morgens und Abends / allemal einen Tropffen oder drey darein getan / und darumb gestrichen.«

Auch in den bekannten Gicht- und Rheumatees des Kräuterpfarrers Kneipp findet sich das hübsche Heideblümchen. Wegen seiner entwässernden Eigenschaft wirkt es sich bei dieser Stoffwechselkrankheit ebenso günstig aus wie bei Nierenbeschwerden. Oft finden sich Heidekrautblüten in fertig gemischten Frühstücks- oder Haustees. Sie können sie aber auch selbst mit anderen Kräutern, z. B. mit Salbei, mischen.

Lavendelblüten-Tee
(Lavandula angustifolia)

»Die Blumen in Wein gesotten / den getrunken / treibt den Harn / stillet das Magenweh / vertreibt die Geelsucht / ist gut zum Schlag... / Lavendelwasser ist gut für den Krampf / für die Kaltsucht / für den Schlag und für die schlaffen Glieder / auch für Zittern der Glieder und der Hände. Es vertreibt den Schwindel / das Haupt damit gestrichen.«

Dies behauptete Lonicerus schon 1679 in seinem Kräuterbuch. Alle diese guten Eigenschaften der blauen Lavendelblüten haben sich bis zum heutigen Tag bestätigt.

Lavendelöl und Lavendelgeist werden bei Schwindel, Verkrampfungen und nervösen Leiden angewandt. Tatsächlich soll Gurgeln mit Lavendelwasser bei Zungenlähmungen und Stottern helfen, weil es die Muskeln entspannt.

Ein Rosensträußchen mit blauen Lavendelblüten gemischt ist beinahe ein Gedicht. Lavendelbüschelchen im Wäscheschrank verbreiten unvergleichlich frischen Duft und vertreiben dazu die Motten.

Eine Tasse Lavendelblüten-Tee beruhigt Ihre streßgeplagten Nerven und läßt Sie friedlich einschlafen.

Lindenblüten-Tee
(Tilia platyphyllos und cordata)

»Das Wasser von Linden gebrant / ist gut wider die Colicam oder Grimmen / und reissen der Därme.«

Lindenblüten-Tee ist ein seit altersher bekanntes Hausmittel bei Erkältungen. Es ist krampfstillend und schweißtreibend. Verwenden Sie die Blüten der heimischen Sommer- oder

Winterlinden. Beide Baumarten eignen sich dazu. Der schwere süße Duft, den die Lindenblüten im Juli verströmen, bleibt in den getrockneten Teeblüten nicht so stark erhalten. Der Tee ist zwar aromatisch, aber nicht stark duftend.

Wenn Sie es süß lieben, fügen Sie einen Löffel Lindenblütenhonig hinzu.

Mädesüß-Tee
(Filipendula ulmaria)

Was für ein reizender Name für eine Wiesenpflanze, die zur Zeit der Heuernte von weißen Blüten überschäumt. Der herbsüße Duft hat ihr wohl die poetische Bezeichnung eingebracht. Botanisch heißt die Blume schlicht: Filipendula ulmaria. Der Volksmund ist wie so oft erfinderischer. »Spierstaude«, »Sankt-Johannis-Wedel«, »Wiesengeisbart«, »Wiesenkönigin« und »Mädesüß« nennt er die Pflanzen aus der Familie der Rosengewächse.

Das Mädesüß mit seinen duftenden, weißen Blütenschleiern wächst mit Vorliebe auf feuchten Wiesen, an Gräben und sumpfigen Seeufern. Die Pflanze enthält außer ätherischen Ölen und einigen anderen Stoffen auch Spuren von Heliotropin und Vanillin.

Mädesüß-Tee wirkt blutreinigend und hilft Rheumakranken besonders gut.

Schlüsselblumen-Tee
(Primula veris)

»S'Schlüsseli macht Ring im Chopf,
nimmt d'Gsüchter mengem armen Tropf,
macht fry und lostig wie ne Reh;
S'got nüt meh ober de Schlüselitee!«
Kräuterpfarrer Künzli

Um die gelben Schlüsselblümchen oder Wiesenprimeln ranken sich viele Sagen und Geschichten. Sie sind aber nicht nur fein geformte »Himmels-Schlüssel«, sondern auch der Schlüssel für irdisches Wohlergehen. Wer mit den gelben Schlüsselchen richtig umzugehen weiß, der hat wie im Märchen einen bis dahin unbekannten Schatz gefunden.

Die pflanzenkundige Äbtissin Hildegard von Bingen empfiehlt Himmelsschlüssel-Tee gegen Schwermut.

»Wer Anlage hat zu Gicht und Rheuma (Gliedersucht) oder schon an diesen Gebresten leidet, trinke längere Zeit hindurch ein bis zwei Tassen Schlüsselblumen-Tee.« Mit dieser Empfehlung verspricht Pfarrer Kneipp: »Die heftigen Schmerzen werden sich lösen und allmählich ganz verschwinden.«

Und der Schweizer Kräuterpfarrer Künzli weiß aus seinem großen Erfahrungsschatz zu berichten:

»Alle Schlüsseli sind heilsam, die auf den Bergen, in den Gärten, auf den Wiesen wachsen, die blassen, die gelben und die farbigen. – Wer einen recht feinen Tee bereiten will, nimmt dazu frische, also ungedörrte Schlüsseli, gießt heißes Wasser daran und läßt sie eine Viertelstunde ziehen, schüttet den Tee ab und gibt Zucker dazu. Das ist ein herrliches Getränk.«

Schlüsselblumen-Tee duftet wunderbar; er schmeckt auch sehr gut, wenn Sie eine Prise Pfefferminze hinzufügen. Trinken Sie ihn, wenn Sie nervös und abgespannt sind. Er stärkt die Nerven und lindert Kopfschmerzen.

Gönnen Sie sich diesen feinen Tee aber auch, wenn Sie nicht von Beschwerden geplagt werden. Genießen und dabei gleichzeitig vorbeugen – angenehmer geht es kaum!

Johanniskraut-Tee
(Hypericum perforatum)

Als Johannes der Täufer enthauptet wurde, wuchs an der Stelle, wo sein Blut auf die Erde floß, das Johanniskraut. Wenn man die Blüten zwischen den Fingern zerreibt, bluten sie noch heute – sie sondern ein rotes Harz aus. Das altberühmte Heilkraut blüht zur Zeit der Sonnenwende mitten im Sommer. Früher ließ man das Johanniskraut segnen und trug es gegen Krankheit und bösen Zauber bei sich.

Der Teufel haßte dieses gute Kraut und durchstach seine Blätter mit unzähligen Nadelstichen. Aber es verdorrte nicht, wie er gehofft hatte. Die winzigen Löcher aber kann man heute noch sehen, wenn man die Blätter gegen das Licht hält...

Kneipp empfahl den Tee aus Johanniskrautblüten als vorzügliches Leberheilmittel.

Neuerdings wird eine mehrwöchige Kur mit Johanniskraut-Tee empfohlen zur Nervenberuhigung und zur Vertreibung von Depressionen. Schon nach zehn Tagen steigt das Stimmungsbarometer deutlich an. Eine nachhaltige, stabilisierende Wirkung wird erzielt, wenn die Teekur über längere Zeit fortgesetzt wird.

Diese besondere Eigenschaft des Johanniskrauts beruht sicher darauf, daß es die Leberfunktion erhöht und die Nerven stärkt.

Für den Tee verwendet man Blätter und Blüten. Auch wenn Sie keine Kur machen wollen, wird Ihnen der aromatische, rötlich gefärbte Johanniskraut-Tee sicher gut schmecken. Ab und zu ein Täßchen Leber- und Nervenstärkung – das kann jeder brauchen.

Arnikablüten-Tee
(Arnica montana)

»Steck Arnika an, steck Arnika an,
daß sich das Wetter scheiden kann!«

Arnika, »Bergwohlverleih«, »Donnerblume«, »Kraftwurz« – wie auch immer die Blume mit den gelben Strahlenblüten genannt wird, immer klingt Hochachtung mit vor den Kräften, die ihr innewohnen.

In alten Zeiten pflanzten sie die Bauern rings um die Felder, um das Korn vor Krankheiten und vor dem zerstörerischen »Korndämon« zu schützen.

Kneipp verschrieb verdünnte Arnikatinktur zum Gurgeln. Einem Sänger, den die Stimme verlassen hatte, verhalf er wieder zum Singen.

Diese Tinktur, die nur verdünnt gebraucht werden darf, hat sich bei Verwundungen und Quetschungen sehr bewährt. Aber schon die strenge Verdünnungsvorschrift zeigt, daß die heilkräftige Arnika auch ein wenig gewaltsam veranlagt ist. Besonders empfindliche Menschen sollten sie deshalb meiden.

Ihrem Ruhm hat das aber keinen Abbruch geleistet. Johann Peter Eckermann schreibt in seinen *Gesprächen mit Goethe* 1833: Goethe machte »eine graziöse Beschreibung dieser Pflanze und erhob ihre energischen Wirkungen in den Himmel«.

Der Tee aus Arnikablüten wirkt gefäßerweiternd und kreislauffördernd. Er muß vorsichtig dosiert werden.

Kleeblüten-Tee
(Trifolium pratense)

Glückliche Kinder, hinter deren Haus noch Wiesen zum Spielen einladen, wo im Sommer neben vielen anderen duftenden Pflanzen der rote und der weiße Klee wachsen! Kinder mit solch blühenden Erinnerungen wissen noch, daß man die kleinen Einzelblüten aus der Blütenkugel des Klees herauszupfen kann. Wie die Bienen saugen die Kinder ein Tröpfchen Süßigkeit heraus und können nicht genug bekommen von diesem leckeren Spiel.

Nicht umsonst heißen die Kleeblumen »Honigklee«, »Bienenklee« und »Hummellust«. Dreigeteilt sind die Blätter des Klees. Für die mittelalterlichen Christen waren sie ein Sinnbild der Heiligen Dreifaltigkeit. Kathedralenfenster und Kirchengrundrisse wurden in frommer Gläubigkeit in Kleeblattform gestaltet.

In grauer Vorzeit glaubte man, daß derjenige, der ein dreiblättriges Kleeblatt bei sich trug, Hexen, Zauberer und gute Feen erkennen könne.

Heute ist uns die heilige Dreizahl nicht mehr genug. Nur vierfache Kleeblätter bringen Glück – glaubt man. Ganz genau weiß es niemand.

Sicher ist dagegen, daß man aus den honigsüßen Blüten des einfachen Wiesenklees einen guten Hustentee bereiten kann. Die weißen Blüten wirken auch gegen Gicht und Rheuma.

¶ Seine kräffte vnd Artzeneyen.

Der safft von disem kraut/vnd somen/macht schlaffen/würt auch zů solchen vnguenten gebraucht/vnd leget schmertzen.

In pflaster weiß über die augen gelegt/benimpt das augen wee/vnd kalten fluß/oren wee/vnd die schadhaffte můter der frawen.

Mit meel über das podagram gelegt/stillet die wee.

Die frischen bletter von disem kraut über alle geschwär vñ glyder/so do wee thůn/gelegt/tödtet das wee/vñ nämlich das wee der oren. Demmet auch der genante glyder geschwulst/sye sey wo sie wöll.

Schlaffen zůmachen. Mach ein soment auß disem kraut/vmb die füß/stirn/vnnd schläffe/doch vorhyn geretzt/darnach nim dises somens/eyerklore/frawen milch/ein wentzig essig/vnd mach ein sälblin darauß.

Wem die zeen wee thůn/der entpfah den rauch von disem somen durch ein trächter gegē dē zan/vñ darnach wesch er den mund wider/es tödtet das wee in dem zan.

Ein süß wasser võ Bilsamkraut/macht auch schlaffen.

Vermischet mit wein vnnd den frawen auff die schwärende brust gelegt/leschet die hitz.

Chamillen.

Kamille.
Holzschnitt aus dem *Contrafayt Kreüterbuch*, 1532.

Kamillenblüten-Tee
(Matricaria chamomilla)

Die Kraft, das Weh im Leib zu stillen,
verlieh der Schöpfer den Kamillen.
Sie blühen und warten unverzagt,
auf jemand, den das Bauchweh plagt.
Der Mensch jedoch in seiner Pein,
glaubt nicht an das, was allgemein
zu haben ist. Er schreit nach Pillen.
Verschont mich, sagt er, mit Kamillen,
um Gottes Willen!

Karl Heinrich Waggerl

»Es ist bei allen Menschen kein gebreuchlicher Kraut in der artznei als eben Chamillenblumen, dann sie werden beinahe zu allen presten [Gebrechen] gebraucht«, schrieb schon im 16. Jahrhundert Hieronymus Bock in seinem bekannten *Kreutterbuch*.

Sein nicht minder berühmter Zeitgenosse Leonhard Fuchs faßt die heilsamen Eigenschaften der Kamille kurz und anschaulich zusammen in seinem *New Kreutter-Buch*.

»Was spannet und gedehnt ist, dasselbig macht es luck [locker] und was verhärtet ist, dasselbig hinderts und erweichts wiederumb.«

Besser und prägnanter könnte man die Wirkung des Kamillentees auch heute nicht beschreiben. Krampflösend, beruhigend, entzündungshemmend – wer hätte nicht irgendwann einmal diese Wohltaten am eigenen Leib gespürt nach einer oder mehreren Tassen heißen Kamillentees. Vor allem ein kranker Magen oder rebellierende Eingeweide sind dankbar für solche Hilfe.

Die Kamille, auch »Mutterkraut«, »Hermännchen« und »Kindbettblume« genannt, wächst überall auf Feldern, Brachland und an Wegrändern. Jedes Kind kennt die zierlichen Blütchen mit der gelben, gewölbten Mitte und dem feinen Kränzchen weißer Strahlenblüten. Die echte, heilkräftige Kamille erkennen Sie am hohlen Blütenboden, wenn Sie den gelben Blütenkopf öffnen.

Kamillenblüten-Tee ist der Inbegriff des guten alten Haustees. Auch wenn Sie sonst kein Tee-Anhänger sein sollten – diesen einen müssen Sie einfach im Haus haben!

Huflattichblüten-Tee
(Tussilago farfara)

Eines der ersten sonnenneugierigen Frühjahrsblümchen ist der Huflattich. Lange vor den großen graufilzigen Blättern drängen sich die goldgelben Körbchenblüten ans Licht. Sie brauchen keinen feinen Humus; Bahndämme, Schutthalden und Grabenränder genügen ihnen als Lebensraum.

Schon die griechischen und römischen Ärzte wußten, daß der Huflattich den Husten vertreibt.

»Doktor Blüemeli« nennen ihn die Schweizer. »Heilblatt«, »Teeblümel«, »Brustlattig« taufte ihn der Volksmund.

Der Kräuterpfarrer Künzli sprach von »Hustenblüemli« und mischte die gelben Blüten mit den Schlüsselblumen zusammen zu einem vortrefflichen Hustentee.

Um die Wende des Mittelalters nahm man statt Teewasser lieber Wein.

Noch 1563 schrieb Matthiolus: »Eine Handvoll Huflattich in ein Maß weißen Wein gelegt und davon nach Belieben getrunken, wehret den Husten...«

Wehren auch Sie – nach einer mindestens 2000jährigen Tradition – dem Husten. Trinken Sie im Frühling und im Herbst, wenn Erkältungen drohen, zum Frühstück und zum Abendessen eine Tasse Tee aus Huflattichblüten, gesüßt mit Honig.

Mit diesem angenehm schmeckenden Getränk halten Sie sich Grippe und Katarrhe buchstäblich »vom Leib«. Wenn Sie aber schon vom Husten gequält werden, spüren Sie bald Erleichterung.

Thymianblüten-Tee
(Thymus vulgaris)

Schon der wunderbare, aromatische Duft des Gartenthymians und seines wildwachsenden Vetters, des Quendels, sollte Sie aufmerksam machen.

»Ein Krantz von frischem Quendel auf das bloße Haupt gelegt«, so heißt es in alter Kräuter-Weisheit, »stillet den Schmertzen, die scharpffen Stiche desselbigen.«

Die moderne Medizin bestätigt das uralte Wissen von den antiseptischen Eigenschaften gewisser aromatischer Kräuter. Der Thymian enthält das stark wirkende Thymol. Seine bakterientötenden Kräfte sind damit zum Teil erklärt, daher ist aber auch sein Ruf als »Antibiotikum der armen Leute« gerechtfertigt.

Sie können sich solche heilsamen und verborgenen Kräfte schon zunutze machen, indem Sie regelmäßig ein paar Stengel Thymian bei Ihrem Braten, bei Soßen und Suppen als Würze verwenden.

Am besten aber ist es, wenn Sie aus dem würzigen Kraut mit den kleinen lilarosa Blüten einen herrlichen Tee zubereiten.

**CLVI Contrafait
des dißem kraut zügibt.**

Die wurtzel von dißem kraut gesotten/vff das dritttheyl/vnd in dem mundt gehebt/leget das zanwee/vnd die seüle in dem mundt/vnd raucheyt der kelen.

Ist auch gůt zů der roten růr/weethumb der gleyche/vñ der hüfft/getrunckē.

Gekocht mit eßßig/vnd übergestrichen/benimpt die schäden vnd geschwäre so vmbsich freßßen/weychet die kröpff/geschwulsten/harte apostemen/hellische fewer/beülen/vnd was dergleichen geschwäre seind.

Fünffinger kraut wurtzel/stillet auch das blůt speyen/den blůtfluß.

Mit saltz vnd honig/heylet sye die wunden.

Andere kräfft/die die gemeynen Herbaria daruon haben (dieweil man der sachen nicht eyns ist/welches das recht sey) vnderlaß ich zů schreiben.

Hünerkoll.

Quendel.
Holzschnitt aus dem *Contrafayt Kreüterbuch*, 1532.

Thymianblüten-Tee duftet aromatisch und schmeckt besonders gut, wenn Sie ihn mit Honig süßen.

In der kalten Jahreszeit sollten Sie regelmäßig von diesem Tee trinken. Sie beugen damit Erkältungen vor. Ihr Organismus wird sozusagen desinfiziert und kann gut gestärkt alle Bazillen abwehren.

Wenn Grippe oder Schnupfen Sie aber schon gepackt haben, hilft Thymiantee Ihnen, die Infektion zu überwinden.

Ginsterblüten-Tee
(Cytisus scoparius)

Im frühen Sommer blühen die Ginsterbüsche – so golden lodernd wie die immer stärker strahlende Sonne. Böschungen und trockene Lichtungen überziehen die »Besenbinder«- Sträucher mit ihrer weithin leuchtenden Pracht. Ein feiner süßer Duft steigt aus vielen tausend Schmetterlingsblüten in die warme Sommerluft.

Der Ginster ist ein kräftiges Gewächs, das auch in großer Trockenheit noch aushält. Etwas von dieser Zähigkeit vermittelt auch der Tee aus den goldgelben Blüten. Wenn Sie sich matt fühlen, wenn der Blutdruck zu niedrig ist und Herzschwäche sich bemerkbar macht, dann hilft eine Tasse Ginsterblüten-Tee. Besonders gut wirkt er, wenn Sie einen Löffel Honig hineinrühren.

Weißdornblüten-Tee
(Crataegus oxyacantha C. monogyna)

Der Weißdorn oder Hagedorn gehörte zusammen mit den Schlehen zu den typischen Heckensträuchern, die früher die Felder umgaben. Die Vögel lieben diese Pflanzen, weil sie in ihrem dornigen Schutz ungestört Nester bauen können. Im Frühling ist der Weißdorn erfüllt von den Liebesliedern seiner gefiederten Untermieter und ganz eingehüllt in wolkenweiße Blüten.

Seltsame Gegensätze der Natur: dornige wehrhafte Stärke wird von zarten Maiwundern verdeckt.

Aber auch in diesen weißen Blüten ist eine große Kraft verborgen. Schon Quercetanus verordnete Heinrich IV. von Frankreich Weißdorn gegen Alterserscheinungen.

Auch in der modernen Medizin verwendet man die Pflanze als sehr wirkungsvolles Mittel, das den Blutdruck steuert, die Herzkranzgefäße besser durchblutet und so für mehr Energie und Leistungsfähigkeit sorgt. Das gesamte Stoffwechselgeschehen wird positiv beeinflußt. Bei alten Menschen wird sogar die Konzentrationsfähigkeit wieder gestärkt. Nervöse Erscheinungen und Schlaflosigkeit lassen bald nach, wenn Weißdornpräparate eingenommen werden.

Tee aus Weißdornblüten müssen Sie regelmäßig und über einen längeren Zeitraum hinweg jeden Tag trinken. Dann wird er seine Wirkung kräftigend und wohltuend »auf den ganzen Menschen ausdehnen«.

Was für eine kleine Mühe ist doch die Zubereitung einer Tasse Tee im Vergleich zum Nutzen, zu solcher Entfachung neuer Lebensgeister!

Wegwartenblüten-Tee
(Cichorium intybus)

»Die weder braun noch rotfarb ist, doch
vil farben mit blaw vermischt;
und so ist solsequium genannt,
hayst wegweis weit durch alle landt.
Gen wo nach geht der sonne schin,
da wendet sich die bluomen hin,
und wann die sonn zu thal geht nider,
so sinket auch die bluom darnider.
Die nacht sie gantz verschlossen steht,
bis die sonn wiederumb uffgeht.
Also liebt noch die bluom lieblos,
den sie im leben klagt ohn Moß [Maß],
und die vor was eyn Frewlein schon [schön],
ist jetzt eyn bluom, thut emm feld stohn.«
                    Jörg Wickram, um 1500

    Es steht eine Blume,
    wo der Wind weht den Staub,
    blau ist ihre Blüte,
    aber grau ist ihr Laub.

    Ich stand an dem Wege,
    hielt auf meine Hand,
    du hast deine Augen
    von mir abgewandt.

> Jetzt stehst du am Wege,
> da wehet der Wind,
> deine Augen, die blauen,
> vom Staub sind sie blind.
>
> Da stehst du und wartest,
> daß ich komme daher,
> Wegwarte, Wegwarte,
> du blühst ja nicht mehr.
>
> *Volkslied*

Eine verzauberte Jungfrau soll die himmelblaue Wegwarte sein. Sie steht am Wegrand und wartet auf ihren Geliebten, der ins Heilige Land zog und von dort – aus dem Osten – wiederkommen soll. Den ganzen Sommer lang öffnet die Wegwarte früh am Morgen ihre zarten Blütenkörbchen und schaut nach Osten, der Sonne entgegen. Sehnsuchtsvoll bleibt sie dem goldenen Himmelsgestirn zugewandt, bis ihre blauen Sterne am Abend nach Westen blicken; matt und traurig welken sie in der Dämmerung. Unverändert hoffnungsvoll wird sie am nächsten Morgen neue Knospen öffnen.

Die »blaue Sonnenwende«, »Wegleuchte« oder »Wilde Endivie« war schon in alten Zeiten geheimnisumwittert. Wer die Pflanze am Sankt-Peters-Tag »um zwei Uhr zur Vesper« mit einem Hirschgeweih ausgrub, der hatte ein sicheres Liebesmittel gefunden. Wer mit dieser »Zauberblume« berührt wurde, mußte in Leidenschaft entbrennen.

Etwas sachlicher sah schon vor dreihundert Jahren der Kräuterkundige Matthiolus die Wegwarte:

»Es seynd die Wegwarten eine auserwehlte Artznei wider die Entzündung der Leber, auff alle Massen gebraucht, wie man will, als nemlich die Blätter frisch oder gekocht gegessen oder die gesottene Brühe getrunken; dann sie kühlen sanfft und ziehen auch sittiglich zusammen, stärken und erhalten die Leber in ihrer Krafft und eröffnen die verstopften Großadern.«

Diese Erkenntnis erwies sich bis heute als richtig. Ein Tee aus den Blättern und den himmelblauen Blüten der Wegwarte regt die Leber und die Galle an und hilft bei Magenschwäche und Appetitlosigkeit.

Sie blühen an allen Wegrändern, diese ebenso zarten wie zählebigen Blumen aus der Familie der Zichorien. Pflücken Sie sich Wegwartenblüten-Tee im Vorübergehen. Wenn Leber oder Magen meutern, werden Sie froh sein, ihn zu Hause zu haben.

Waldmeisterblüten-Tee
(Galium odoratum)

Leberkraut, Maikraut, Waldmännchen, alle Namen des duftenden Krautes deuten ein Stück seines Wesens: der Leber hilft es, im Mai blüht es, und seine Heimat ist der lichte Buchenwald.

Pflücken Sie auf einem Mai-Spaziergang das blühende Waldmeisterkraut oder pflanzen Sie es, bequem erreichbar, in eine halbschattige Gartenecke.

Es gibt nicht nur die würzige Waldmeister-Bowle. Auch der Waldmeister-Tee – vom ganzen blühenden Kraut – sollte nicht vergessen werden. Gemischt mit gleichen Mengen von Erdbeer- und Brombeerblättern und Thymian erhalten Sie einen wohlschmeckenden Blutreinigungstee, der die Leber anregt und das Herz stärkt.

Und wenn Sie in einer warmen Maiennacht aus irgendeinem Grund unruhig sind und nicht schlafen können, dann gießen Sie sich ein Täßchen Waldmeister-Tee auf. Danach werden Sie sanft einschlafen, hübsch träumen und froh sein, daß Sie keine Tabletten brauchten.

Tausendgüldenkraut-Tee
(Centaurium erythraea)

Erythraios heißt im Griechischen »rötlich«. Den Hauptnamen Centaurium erhielt das rotblühende Tausendgüldenkraut nach dem weisen Zentauren Chiron, der im alten Griechenland in einer geheimnisvollen Höhle lebte und die Menschen sein tiefes Wissen von den Heilpflanzen lehrte.

Das Kraut des Zentauren, auch »Gottesgnadenkraut« und – wegen seines bitteren Geschmacks – »Erdgalle« genannt, ist ganz besonders reich an Heilkräften. Es wirkt appetitanregend, gärungshemmend, lindernd bei Magenkatarrh und Sodbrennen. Vor allem hilft es bei Blutmangel und Erschöpfungszuständen. Dann muß man den Tee allerdings regelmäßig mehrere Wochen lang trinken.

In alten Zeiten erzählte man sich, daß niemand das Tausendgüldenkraut »ungepflückt lassen darf«. Selbst ein Reiter müsse vom Pferd steigen, sich bücken und das wertvolle, rote Blümchen mitnehmen, denn es besitze so starke Heilkraft, daß es »tausend Gulden« wert sei!

Für den Tee aus den Blüten des Tausendgüldenkrautes sei noch ein handfester ostpreußischer Tip verraten:

Trinken Sie das bittere Getränk am Morgen nach einer feuchtfröhlichen Nacht. Das ist ein vorzügliches Mittel gegen den Kater und einen rebellierenden Magen: »Bitter dem Mund, dem Magen gesund!«

Taubnessel-Tee
(Lamium album)

Am Straßenrand, bedeckt mit Staub,
blüht eine Nessel, die ist taub.

Sie blüht bei Sonnenschein und Frost,
mühselig, aber doch getrost.
Dereinst, am Tage des Gerichts,
(sie hört von den Posaunen nichts)
wird Gott ihr einen Boten schicken.
Der wird die taube Nessel pflücken.

Und in den siebten Himmel bringen.
Dort hört auch sie die Engel singen.
Karl Heinrich Waggerl

Wer hätte nicht als Kind das hübsche Spiel ausprobiert: von der kräftigen grünen Nessel, die wie eine Brennessel aussieht, aber nicht brennt, die weißen Blütchen abzupfen und auslutschen. Jedesmal erhascht die Zungenspitze ein winziges Tröpfchen süßen Blütensaft. Kein Kind wird jemals satt davon, aber es ist eine kurze Weile den Schmetterlingen verwandt.

Niemand vermag zu sagen, ob in dem Kinderspiel noch ein instinktiver Rest von uraltem Wissen um die Heilkräfte der weißen Taubnessel, die auch »Zauberkraut« genannt wird, verborgen ist.

Die weißen Lippenblüten – es handelt sich, wie der lateinische Name sagt, um die *weiße* Taubnessel – werden abgezupft und frisch oder getrocknet mit kochendem Wasser übergossen. Taubnesselblüten-Tee wird bei Brust- und Lungenleiden, bei Blut- und Weißfluß empfohlen. Ganz besonders wohltuend wirkt er sich auf die weiblichen Unterleibsorgane aus.

CXXX Contrafayt

Dreyfaltigkeit blümlin / Freysam / oder Nagelkraut.

Dreyfaltigkeit blümlin haben iren nammen von irer farb / welche an den blümlin dreyerley erscheint. Werden in den gärten gezylet / krantz darus zu machen.

Etliche experiment von dem wasszer disses krauts.

Das gebrant wasszer ist gut den jungen kinden / wañ sye die vnnatürlich hitz überfellt / das mans ynen zu drincken geb.

Ist auch gut denen so dämpffig seind vmb die brust. wann es raumet vnnd macht weit vmb die brust / vnd vorab zu den lungen gesch wären ist es vast gut.

Weiter ist mir sonderlich nit zu wisszen / wie sein nam im Dioscoride bezeychnet.

Ackerstiefmütterchen.
Holzschnitt aus dem *Contrafayt Kreüterbuch*, 1532.

Das »Zauberkraut«, das an allen Wegrändern und Zäunen wild wächst, ist ein gutes Beispiel dafür, daß »Unkraut« oft wunderbare Eigenschaften hat. Man muß sie nur kennen.

Stiefmütterchenblüten-Tee
(Viola tricolor)

An Feldrändern und auf Wiesen wächst eine niedliche Verwandte des Veilchens: Viola tricolor, das dreifarbige Veilchen. Gelb, blau und weiß sind die Blümchen gefärbt. Anmutig wie ihre Gestalt sind auch die vielen Namen, die der Volksmund für sie erfand: »Muttergottesschuh«, »Jahresblümchen«, »Stiefkindele«.

Während die zarten kleinen Feldstiefmütterchen voller Kräfte sind, haben die prachtvollen, großblumigen Gartenstiefmütterchen keinerlei wertvolles Innenleben. Sie haben einzig und allein den Zweck, Freude zu bereiten und die Gartenbeete mit ihren samtig-bunten Gesichtern zu schmücken.

Ab und zu eine Tasse Tee von blühenden Ackerstiefmütterchen wirkt mild abführend und blutreinigend. Er schmeckt etwas bitter. Süßen Sie ihn am besten mit einem Teelöffel Honig.

Schöllkraut-Tee
(Chelidonium majus)

Schöllkraut, Warzenkraut und Schwalbenkraut sind drei Namen für eine Pflanze, die schon in der Antike gesammelt wurde. »Chelidon« heißt auf Griechisch »Schwalbe«. Bereits

Schölwurtz.

¶ Von dem Nammen.

Jßes kraut (wie Theophrastus vnd Plinius sagen) hat seinen nammen im Kryechischen vnd im Latin von den schwalben. Sarumb/das es in zükunfft der schwalben anfacht blüer/vnd ym sein rechte krafft kommet. Züm andern/das es die schwalben auch brauchen/iren jungen die augen damit vffzüthün. Dahär man von erst abgenomen/vnd ermessen/das es auch der menschen augen sol dyenstlich sein. Solt vil billicher Schwalben kraut/vnd Schwalben wurtz genennet werden. Man meynet auch/wann die schwalben wider hynweg flyegen/das es alsdann sein kostliche krafft verlyere. Also schaffet Gott der allmechtig einer yeden creaturen/vnd eim yeden thyer sein artzeney/welche auch die natur ym angeboren/das es

Schöllkraut.
Holzschnitt aus dem *Contrafayt Kreüterbuch*, 1532.

vor über tausend Jahren beobachtete man, wie die Schwalben erblindeten Jungtieren das Kraut auf die Augen legten, um sie zu heilen. Diese Beobachtung wurde auch später aus anderen Landschaften berichtet. Der Saft des Schöllkrautes wurde lange Zeit auf Warzen geträufelt und ließ sie verschwinden. Dieser orangerote Pflanzensaft tropft aus jedem Stengel, wenn Sie Schwalbenkraut pflücken. Er hinterläßt auf der Hand braune Flecken, die harmlos, aber haltbar sind.

Das Schöllkraut wächst an allen Zäunen, sogar noch auf Schuttplätzen. Es hat zarte gelappte Blätter und hübsche gelbe Blüten. Da dieses alte Heilkraut zu den Mohngewächsen gehört, enthält es sogenannte Alkaloide, die krampflösend und beruhigend wirken, aber mit Vorsicht zu dosieren sind.

Für die Teezubereitung sammelt man das ganze blühende Kraut. Mischen Sie etwas Schöllkraut unter andere Kräuter, die gegen Leber- und Gallenleiden wirken, wie Tausendgüldenkraut, Wegwarte und Schafgarbe.

Rittersspornblüten-Tee
(Delphinium consolida)

Als Georg mit dem Drachen focht,
da hat der Wurm es noch vermocht,
daß er ihm mit dem letzten Biß
das Sporenrad vom Stiefel riß.

Der Heilige, so arg versucht,
hat nicht gelästert, nicht geflucht,
und dafür wuchs, zu seinem Ruhme,
aus jenem Sporn die blaue Blume.
Karl Heinrich Waggerl

»Rittersporn wächst in den Fruchtäckern / die Blätter gleichen dem schwarzen Coreander / hat violfarbbraune Blümlin / das mittel Schötlin mit dem Schäntzlin am Blümlin ist rothlicht / sonst alles grün / die Wurtzel fahl. Die Blumen zu Pulver gestoßen / mit Rosenwasser gemischt / und die Augen damit bestrichen / vertreibt derselbigen unnatürliche Röthe. Die Blumen alle Tag angesehen / wehren allem Augenwehethum. Darum häncken etliche Büschlin von diesen Blumen in ihr Gemach / daß sie die stäts im Gesicht haben.«

Adamus Lonicero

Pflücken Sie wie in alten Zeiten einen Feldblumenstrauß mit blauen Ritterspornblüten. Streuen Sie ein paar Blüten davon in Ihre Teekanne, gemischt mit einem anderen Blütentee, den Sie besonders lieben. Die Ritterspornblüten werden ihm eine besonders aparte Note, nicht nur in der Färbung, geben.

Sie sollen auch gegen Sodbrennen und Aufstoßen helfen.

Schafgarbenblüten-Tee
(Achillea millefolium)

»Schafgarb im Leib,
tut wohl jedem Weib.«
Altes Sprichwort

Die Schafgarbe gehört zu den ältesten, schon in der Antike verwendeten Heilkräutern. Vor allem werden die Blüten, die im Sommer kräftige weiße oder rosa Trugdolden bilden, verwendet.

Wenn man eine Aufzählung der wissenschaftlich nachweisbaren Inhaltsstoffe der Schafgarbe liest, begreift man, warum sie zu allen Zeiten so geschätzt wurde: ätherisches Öl mit Azulen, Bitterstoffe, Gerbstoffe, Inulin, Essig- und Apfelsäure, Kieselsäure, viel Kalium, Schwefel u. a.

Tee aus Schafgarbenblüten wirkt stoffwechselanregend, appetitfördernd, blutbildend, magen- und leberkräftigend. Die Österreicher nennen die Pflanze mit den tausendfach gefiederten Blättchen »Bauchwehkräutel«. Trinken Sie den Tee auch bei Erkältungen des Unterleibes. Tabernaemontanus meinte:

»Wann einer unlustig ist und nicht essen oder trinken mag, der nehme Garbenkraut und sied es in Wein, seihe es durch und trinke alle Morgen nüchtern ein Tischbecherlein voll, warm.«

Nehmen Sie statt Wein einfach siedendes Teewasser. Gönnen Sie sich öfter eine Tasse des aromatischen Schafgarben-Tees, der außer seinem angenehmen Geschmack soviel Gutes zu bieten hat.

Im Frühling können Sie mit seiner Hilfe eine regelrechte entschlackende Frühjahrskur machen. Waschen Sie zu dieser Zeit gleichzeitig jeden Morgen Ihr Gesicht mit Schafgarben-Tee, er macht die Haut straff und kräftig!

Ringelblumenblüten-Tee
(Calendula officinalis)

Die Ringelblumen leuchten wie kleine goldfarbige Abbilder der Sonne in unseren Gärten. Wenn sie sich am Morgen nicht öffnen, wird es sicher Regen geben.

Wenn Sie einen Ringelblumenstrauß pflücken, behalten Sie an den Händen einen leicht klebrigen Rückstand, der seltsam herb und harzig duftet. Er gibt Ihnen schon eine Ahnung von den kräftigen Stoffen, die in dieser Pflanze kreisen. Die

Kreüterbůchs Ander Teyl.

Garb.

xxj
Weiszze Garb.

Arb / oder Tausentblatt / hat sein latinischē nammen võ der vile seiner bletter. Hat ein zarten hohen roten stengel/Bletter wie d̄ Fenchel/welche es gleich wie federn zyerē/als hett die natur mit fleisz arbeit daran gelegt/zůuor so es noch klein vnnd jung ist.

Sein statt.

Wachst gern an pfützechten faulen orten / vñ dringt im Glentzē mit dē ersten kreütern herfür.

Sein Krafft.

Disz kraut brauchen die Scherer gern / der wunden entzündung damit zů leschen vñ wören.

Getruncken mitt essig / ist es gůt den harn zů treiben/vnd die blosz zů öffnen.

Gleicher weis gibt man solche tranck dē hart āthemenden/oder schwer keichenden/vnd denen so harte fäll gethon/vnnd gerunnē blůt bey ynen haben.

Plinius schreibet / die Garb mitt reynbergē schmer zerriben/vnd eim verletzten rynd/dem dz flügeisen die sennader abgestossen hat / vffgelegt/wider gantz mach vnd stercke.

Kleyne Garb.

Schafgarbe.
Holzschnitt aus dem *Contrafayt Kreüterbuch*, 1532.

131

Calendula ist eine alte Heilpflanze, mit deren Auszügen im Lauf der Jahrhunderte schon viele Wunden geheilt wurden. Ringelblumensalbe, die bei Rißwunden und Sonnenbrand hilft, wird aber auch heute noch nach einem Rezept von Kneipp hergestellt.

»Diese Blumen verzehren die Feuchtigkeiten in dem Magen und wärmen den erkalteten Magen.« An diese Weisheit aus einem alten Kräuterbuch können Sie sich noch heute halten, wenn Sie aus den goldenen Blütenstengeln der Ringelblumen einen Tee zubereiten.

Veilchenblüten-Tee
(Viola odorata)

Veilchendüfte läuten den Frühling ein. Auch wenn der Winter noch einmal drohend mit Kälte und Eis zurückkommt – das tiefblaue Veilchen übersteht alle Widrigkeiten; tief geduckt unter Hecken und schützenden Sträuchern bewahrt es die Zuversicht, daß die Sonne und das warme, wachsende Leben siegen werden.

So sicher wie das Märzenveilchen die Tücken der Jahreszeit übersteht, so sicher hilft es Ihnen, Erkältungen und Husten um diese Zeit zu überwinden. Veilchenblüten-Tee war schon immer ein beliebter Hustentee. Wenn Kinder vom Keuchhusten geplagt werden, gibt man ihnen Veilchenblüten-Tee.

»Violen benehmen das hitzige Hauptweh / bringen Ruhe und Schlaff / sänfftigen die Brust / benemmen das Blat in der Keelen / unn die Halßgeschwulst / sonderlich der Violensyrup.«

»Violen gerochen / oder das Kraut auf dem Haupt getragen / vertreibe die Trunckenheit.«

Ob auch der zweite Teil dieser alten Veilchen-Weisheit stimmt, müßten Sie einmal ausprobieren: mit einem Veilchenbukett in der Hand, einem Kränzchen im Haar und einer Tasse Veilchenblüten-Tee auf dem Tisch.

Malvenblüten-Tee
(Malva sylvestris)

Fast überall auf der Welt wachsen wilde Malven – an Wegrändern und Zäunen, auf altem Gemäuer und Schutthalden. Im Sommer entfalten sie ihre zarten rosaroten Blütenschalen. Man muß sie frisch pflücken und verwenden, dann ist die Wirkung der sanften Malven am größten.

Malvenblüten-Tee ist ein altbekannter Brusttee. Auch viele andere Blütentees haben reizlindernde, lösende, erweichende Eigenschaften, die sich gegenseitig ergänzen.

*

Versuchen Sie einmal – nach allem, was Sie nun über Blütentees wissen – einen besonders wirksamen Tee aus vielerlei heilenden Kräutern zu mischen. Nehmen Sie dazu:

Malvenblüten und eine bekannte Verwandte aus der Malven-Familie, Eibischblüten (Althaea officinalis). Dann fügen Sie noch Veilchenblüten, Klatschmohn, Königskerze und Katzenpfötchen hinzu. Alle diese Blüten haben Sie ja schon kennengelernt – bis auf das Katzenpfötchen (Antennaria dioica). Dieses niedrige silbergraue Kraut wächst an sonnigen Hängen und ist im Mai bis Juli von rosa und weißen Blütenschleiern überdeckt.

Wenn es Ihnen Spaß macht, im blühenden Arzneibuch der Natur zu lesen, dann versuchen Sie während des Sommers die

Blüten, die Sie gern verwenden möchten, selbst zu sammeln – frisch oder vorsichtig in luftigem Schatten getrocknet. Was man selbst gesehen, gerochen und betastet hat, ist tausendmal lebendiger als alle kluge Theorie. Vielleicht bekommen Sie auf diese Weise – bei sommerlichen Spaziergängen – eine Ahnung von dem vertrauten Verhältnis, das die alten Kräuterkenner zu den Pflanzen auf Feldern und Wiesen hatten. Sie werden bald mit den verschiedenen Düften, dem Aroma und den Wirkungsstoffen der blühenden Gewächse vertraut werden.

Nach eigenem Empfinden können Sie dann auch Mischungen zusammenstellen, ohne sich starr an Rezepte zu halten.

*

Für den Brust- und Hustentee aus Malvenblüten brauchen Sie nicht unbedingt alle genannten Ergänzungspflanzen. Vielleicht möchten Sie nur die süßen Veilchenblüten und den seidigen Mohn damit kombinieren. Oder es genügt Ihnen, die rosa Malvenblüten mit den kräftigen gelben Königskerzen zu ergänzen. Dies alles werden Sie bald nach eigenem Gefühl entscheiden können, wenn Sie sich ein wenig vertraut gemacht haben mit dem ungeheuren blühenden Reichtum, den die Natur auch heute noch anbietet – gesund, aromatisch und ganz umsonst.

Pflücken Sie bunte Feldblumensträuße wie einst in Ihrer Kindheit. Freuen Sie sich am farbigen Spiel der Blüten und atmen Sie die feinen Düfte ein.

Bald wird es Ihnen selbstverständlich sein, daß die Blumenfülle der Natur nicht nur für die Ästhetik eines Vasenschmukkes gedacht ist. Sie werden Blüten gleichzeitig lieben und nach ihrem innersten Wesen verwenden können.

Zahlreiche wilde Blumen und Kräuter, die früher in verschwenderischer Fülle an Feldrändern und auf Wiesen wuchsen, sind heute leider verdrängt oder sogar ausgerottet. Deshalb müssen Kräutersammler in der freien Natur sehr vorsichtig und behutsam sein. Geschützte, vom Aussterben bedrohte Pflanzen dürfen niemals angerührt werden!

Ein neues Refugium für Heilpflanzen entsteht deshalb in unseren Gärten. Legen Sie sich ein Kräuterbeet und eine Wildblumenwiese an. Dann haben Sie stets Vorrat für Ihre Hausapotheke und für romantische Sträuße.

Trinken Sie Ihren Blütentee – ob er nun aus der »wilden« Natur oder aus dem Kräutergarten stammt – im Wissen um Schönheit und Gesundheit.

III.
Mit Blumen und Blüten tausend Wunder

Eßbare Dekorationen für kalte und warme Platten

Festessen, das der Hochehrwürdige Herr Kardinal Lorenzo Campeggio von Bologna seiner Majestät, dem Kaiser Karl V., gab, als seine Majestät im April des Jahres 1536 in Rom einzog:

7. und letzte Speisefolge aus der Küche:

Gebratene Erdbeeren, mit gelben Stiefmütterchen geschmückt.
    Spanische Oliven.
    Eingemachte Weintrauben ganz verschiedener Sorten.
    Gebackene Tiber-Lampreten mit Zitronenscheibchen.
    Gebackene Tintenfische.
    Große Seekrebse mit Kernen und Saft vom Granatapfel.
    Pflaumentörtchen.
    Gelee in Form von Sternen, goldfarben.
    Gebackene Langustenschwänze mit Rosinensauce und Orangenkonfekt.
    Spinat mit Rosinen, Essig und Senf.
    Torte aus Kaviar.
    Rosenkohl à la Napoletana, heiß serviert, mit Öl, Zitronensaft und Pfeffer.

*

Der Mensch lebt nicht vom Brot allein. Der schönste Braten verliert an Wirkung, wenn er lieblos serviert wird. Umgekehrt kann das einfachste Abendessen zum kleinen Fest werden, wenn der Tisch liebevoll gedeckt wurde. Dazu ist gar kein großer Aufwand nötig – ein hübsches Tischtuch, passendes Geschirr, ausgesuchte Gläser und eine niedrige Schale mit ein paar Blüten genügen schon, um Atmosphäre zu schaffen.

Ein gutes Essen sollte alle Sinne ansprechen: unsere neugierigen Augen erfreuen sich an der Farben- und Formenharmonie, die ein gut gedeckter Tisch ausstrahlt; die Nase schnuppert den Duft der Speisen und signalisiert Vorfreude auf das Vergnügen, das nun kurz bevorsteht; die Zunge schließlich schmeckt die Würze oder die Süße eines Essens. Selbst der Tastsinn ist nicht auf Gabel und Messer reduziert, wenn wir knuspriges Brot oder Frischobst essen. Wer unter solchen positiven Vorzeichen speist, dem wird sicher das Genossene auch gut bekommen.

Ergänzend sei noch empfohlen, beim Essen keine unangenehmen oder sorgenvolle Gespräche zu führen. Reden Sie von erfreulichen Dingen. Vergessen Sie nicht, der Hausfrau ein Kompliment für ihre Kochkünste zu machen. Und vor allem: Nehmen Sie sich Zeit – genießen kann man nur in Ruhe. Jede Hast wirkt verderblich, sowohl für den Magen als auch für die Bereitschaft der Köchin, eßbare Kunstwerke mit Liebe und Können stets aufs neue auf den Tisch zu zaubern.

*

Die Ansicht, daß auch die Augen an einem Festschmaus teilnehmen sollten, ist alt. Die Kunst der Tischdekoration wurde in vielen Epochen mit wechselndem Geschmack gepflegt. Im Altertum wurde nicht nur die Tafel mit Blumen geschmückt, sondern sehr oft auch die Schar der Gäste.

Im Ägypten der Pharaonen überreichten Diener den eintretenden Gästen Lotosblumen. Man trug diese heilige hochverehrte Blume in den Händen, im Haar und als Girlande um den Hals. Zum festlichen Beisammensein und zum Essen ließen sich die Gäste in Räumen nieder, deren Möblierung hauptsächlich in großen, kostbaren Vasen mit Lotosblumen bestand. Wenn die Diener das Essen servierten, brachten sie zu jedem Gang auch neue Blumenkränze mit. Solche Eleganz konnte man sich freilich nur in den Häusern der Wohlhabenden leisten.

Die Griechen der klassischen Antike liebten Kränze in jeder Form und zu vielen Gelegenheiten. Gewürzkränze aus Majoran, Thymian, Salbei, Lorbeer, Myrten und Safran waren damals sehr beliebt. Aber auch Lilien, Rosen, Veilchen und Narzissen dienten solchen Zwecken. Die Sybariten – die wegen ihres üppigen Lebensstils bekannt waren – bekränzten ihre Köche, wenn diesen ein besonders gutes Gericht gelungen war. Stellen Sie sich nur einmal einen Augenblick lang vor, die Ehemänner des 20. Jahrhunderts würden diese Sitte übernehmen und ihren Frauen zur Feier eines gelungenen Sonntagsbratens einen Blumenkranz ins Haar drücken!

Die Gärtner und die Blumengeschäfte hätten eine ganz neue Einnahmequelle, und die Zahl der gut kochenden Evastöchter stiege wahrscheinlich sprunghaft an!

*

Es gab in der Geschichte der Menschheit aber auch immer wieder Zeiten, in denen der Sinn für Schönheit und Stilgefühl sich in Luxus und Verschwendung übersteigerte.

Ein unvorstellbarer Rosenluxus wurde im Rom der Kaiserzeit getrieben. Unter der Regierung von Kaiser Augustus wurden die duftenden Blumen tonnenweise für Haus- und

Tafeldekorationen gebraucht. In allen Häusern, bei den Bürgern aller Schichten war es üblich, Rosenkränze beim Essen zu tragen und den reichlich fließenden Wein mit Rosenblättern zu parfümieren.

Pästum, das später im Aschenregen des Vesuvs unterging, war berühmt für seine dunkelroten Rosen, die zweimal im Jahr blühten. Zu ihren Füßen waren dichte blaue Veilchenteppiche gepflanzt. Im alten Römischen Reich fuhr man zur Rosenblüte nach Pästum wie heute zur Baumblüte ins Alte Land bei Hamburg oder zur Marillenblüte (Aprikosen) in die Wachau vor den Toren Wiens.

Der Bedarf an frischen Rosen steigerte sich so ungeheuer, daß die Bauern ihre Äcker und Olivenhaine in Rosen- und Veilchenplantagen umwandelten. Der Anbau von Getreide und Gemüse wurde vernachlässigt, weil Rosen das bessere Geschäft waren.

Schließlich führte der Überfluß zum Überdruß. Rosen waren während ihrer natürlichen Blütezeit im Sommer nichts mehr wert. Rosendekorationen hatten nur noch im Winter einen besonderen Reiz. Ganze Schiffsladungen voll Rosen kamen in der kalten Jahreszeit aus dem warmen Alexandrien und aus Neukarthago nach Italien. In der Umgebung von Rom baute man beheizte Gewächshäuser, um die Rosenstöcke im Winter zum Blühen zu bringen.

Ein Freund Neros kaufte für umgerechnet 600 000 Mark Rosen für ein einziges verschwenderisches Fest.

Im kaiserlichen Rom wurden die Straßen mit Rosen, Safran und Rauten bestreut. Selbst die öffentlichen Bäder waren mit Rosenwasser gefüllt. Der Rosenluxus wucherte in immense Rosen-Orgien aus. Was einmal festlich heitere Dekoration war, endete unter der Herrschaft des Kaisers Domitian in grauenvoller Perversion.

Frauen mit Früchten, Blumen und Kräutern.
Altägyptisches Relief.

Auf dicken, duftenden Teppichen von Rosen, Lilien, Narzissen, Veilchen und Hyazinthen ließ der Kaiser seine Gäste zu rauschenden Festen Platz nehmen. Nachdem er selbst die Halle verlassen hatte, regnete es plötzlich aus verborgenen Öffnungen in der Decke Rosen und Veilchen auf die Feiernden. Zuerst war das trunkene Entzücken über diesen neuen Einfall groß. Aber dann wurde der Blütenregen immer dichter, der Belag auf dem Boden immer höher. Panik brach aus, aber alle Ausgänge waren verschlossen. Am Ende erstickte der lautlose Blütenfall auch die letzten Schreie. Der Kaiser eines untergehenden Reiches hatte sich einen entsetzlichen Spaß erlaubt. Seine Festgäste waren unter Rosenblättern begraben.

*

Der Zauber von Tausendundeiner Nacht weht durch eine Beschreibung, die aus der Zeit Harun al Raschids stammt:
»In einem Pavillon, wohin man Freunde einlud, war Musik von Zither, Flöte und Pauke zu hören. Das Gemach war mit Blumen bestreut. Die Zecher trugen Blumenkränze auf dem Haupt. Der Vollmond lag am Horizont wie Gold auf blauen Hyazinthen.«

Kaiser Karl V., in dessen Weltreich die Sonne nicht unterging, speiste an üppigen Tafeln. Eine kulinarische Raffinesse löste die andere ab – »gebratene Erdbeeren mit gelben Stiefmütterchen« waren nur eine Delikatesse in einer unerschöpflichen Speisenfolge.

Überall, wo Reichtum und Kultur herrschten, gab es Gärten und Blumen, die den Festen erst den Glanz und die Stimmung verliehen. In Persien und Ägypten war das nicht anders als in Andalusien, in Frankreich und in Italien.

Die Spanier übernahmen von der arabischen Kultur die Idee eines Innenhofes, der ein Wohnraum im Freien ist, geschmückt mit einem Brunnen und lebendigen Blumen. Hier hielt sich die gewachsene Dekoration durch alle Jahreszeiten. Das Essen im Patio war von besonderem Reiz – nicht nur an warmen Sommerabenden.

Im kühlen Norden Europas ist man während des größten Teils des Jahres gezwungen, sich die Natur ins Haus zu holen. Im 19. Jahrhundert war es in England Mode, eine festliche Tafel mit Gefäßen aus Baumrinde zu dekorieren. Sie waren mit frischer Erde gefüllt, in der Farne und Moose wuchsen. Dieser Tischschmuck der naturliebenden Engländer war beinahe ein »Waldersatz«. Diese Mode ging zeitweise soweit, daß die Eßtische in der Mitte eine Öffnung bekamen, durch die Palmen und Farne wachsen konnten. Man speiste in tropischer Waldatmosphäre.

Zur gleichen Zeit war in Deutschland und in anderen Ländern Europas der große Tafelaufsatz aus Silber oder Porzellan üblich. Wenn zum Essen gedeckt wurde, füllte die Hausfrau das Prunkstück mit frischen Blumen. Eine Zeitlang hatte dieser festliche Mittelpunkt der Tafel die Form von Füllhörnern, aus denen üppige Blüten-Arrangements quollen.

Gegen Ende des 19. Jahrhunderts wechselte man dazu über, Blumengirlanden um die Tafel zu legen oder Veilchen über das Tischtuch zu streuen. Auch in die Obstschalen steckten die Frauen Blumen.

Der etwas steife Prunk der Tafelaufsätze löste sich auf in zarte, romantische Blumendekorationen, die mit leichter Hand verstreut wurden.

So ähnlich sollten Sie es auch heute noch machen, fern von überladenem Luxus, nicht eingezwängt in Vorschriften. Folgen Sie Ihrem eigenen Schönheitssinn und Ihrer momentanen Stimmung, wenn Sie Blumen für die Tischdekoration auswählen.

Ein winziges Sträußchen aus Maßliebchen kann reizend und festlich wirken; eine einzige Rosenblüte in einer flachen Schale vermag oft intensiveren Zauber zu entfalten als ein üppiger Strauß, der zudem noch den Blick zum Tischnachbarn verdeckt. Der Höhepunkt festlich-animierender Dekoration aber ist stets, wenn sich die Speisen noch wie kleine Kunstwerke präsentieren. Nehmen Sie dazu nicht nur die übliche grüne Petersilie, sondern alle Blüten, die man essen kann. Salate, Braten, Gemüse, kalte Platten, alles, was Ihrer Phantasie einfällt, können Sie mit Blüten dekorieren.

In einem alten Kochbuch heißt es schon:

»Namentlich in Frankreich ist es Sitte, jeden einfachen Salat, wie Kopfsalat oder Endivien, mit verschiedenen Kräutern zu vermischen oder mit dazu geeigneten Blüten zu verzieren, und man bezeichnet diese Kräuter und Blüten mit dem Namen Fourniture de salade. Dieselben bestehen aus Gartenkresse, Brunnenkresse, Kerbel, Schnittlauch, Estragon, Fenchel, Pimpinelle, Balsam-Minze und Borretsch; von den zur Verzierung passenden Blumen sind vor allem die Blüten der Kapuzinerkresse, der Veilchen, des Borretschs, der gelben Königskerzen und Ochsenzungen zu nennen.«

Was der berühmten französischen Küche recht ist, sollte auch Ihnen billig sein: Blüten, die die Speisen festlich-heiter umrahmen, nicht nur zur Zierde, sondern auch zum Essen. Sie müssen ja nicht alle frischen Blumen mitverspeisen. Aber schon die Vorstellung, daß alles auch frische duftende Nahrung ist, genau wie die Kräuter, ist von besonderem Reiz.

Lassen Sie die himmelblauen Borretschblüten als zarte Leitsterne über Ihren eßbaren Blumendekorationen stehen.

»Die Blümlein roh gegessen und darüber getrunken, benymbt das Herzzytteren«, wußte man schon von altersher zu berichten.

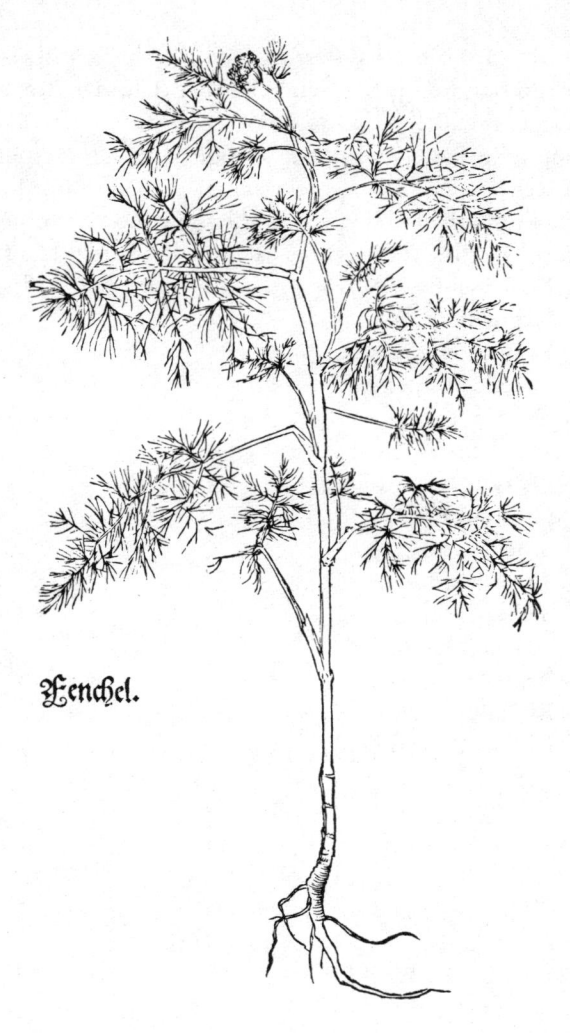

Fenchel.
Holzschnitt aus dem *Contrafayt Kreüterbuch*, 1532.

Und von den alten Römern wurde der Spruch übernommen: »Ego borago, gaudia semper ago!« (Ich, der Borretsch, bringe stets Freude!)

Freude mögen sie auch Ihnen bringen, die heiteren blauen Blütensterne, wenn Sie zum erstenmal ein Essen mit bunten Blütendekorationen servieren. Wählen Sie aus der folgenden Liste aus, was Ihnen erreichbar ist und als Blütendekoration gefällt: Borretschblüten,
Kapuzinerkresse,
Königskerzenblüten,
Lavendelblüten,
Ysopblüten,
Veilchenblüten,
Ochsenzungenblüten,
Kornblumen,
Stockrosen,
Thymianblüten,
Salbeiblüten,
Fenchelblüten,
Anisblüten,
Ringelblumen,
Rosen (Zentifolien).

Essig und Öle

Essig und Öl sind zwei Flüssigkeiten, die seit altersher dazu benutzt wurden, die heimlichen Kräfte, die in vielen Blüten verborgen sind, herauszulösen und dem Menschen zu erschließen. Die Methode ist denkbar einfach, jeder kann sie ausprobieren.

Essig oder Öl werden in eine Flasche gefüllt. Dann fügen Sie zwei bis drei Hände voll Blüten hinzu, verkorken die Flasche sorgfältig, schütteln sie öfter und lassen sie einige Zeit auf einer Fensterbank an der Sonne stehen.

Wenn nach einigen Wochen der Destillationsprozeß zu Ende ist, wird die Flüssigkeit durchgeseiht und ist fertig zum Gebrauch.

Veilchenessig oder Johanniskrautöl sind wahrscheinlich für die meisten modernen Menschen zunächst einmal unbekannte seltsame Worte. Was dahintersteckt, ist ein uralter Schatz, den zu heben und wieder ans Licht zu holen sich wirklich lohnt. Blütenessig und Blütenöle können Sie innerlich einnehmen, indem Sie sie trinken oder schlucken. Sie können sie aber auch über die Haut aufnehmen. Denn auch dieses wunderbare Organ, das den ganzen Menschen einhüllt, ist in der Lage, Blütenauszüge dem Körper zu vermitteln.

Aber ehe dieses neue geheimnisvolle Blumenkapitel zu theoretisch und zu kompliziert wird, wenden wir uns lieber gleich den praktischen Anwendungen zu und betreten gemeinsam den unerschöpflichen Garten der Natur.

Der Veilchenessig, also Essig aus Veilchenblüten, war noch im vorigen Jahrhundert sehr beliebt und wurde häufig von den Hausfrauen selbst hergestellt. Mit einem Glas Zuckerwasser gemischt, ergab er ein beruhigendes Getränk bei Nervenleiden und Kopfschmerzen. Ein gutes altes Hausmittel also, das bei leichter Unpäßlichkeit immer zur Hand war.

Rosenessig ist Bestandteil vieler mittelalterlicher Kräuterrezepte, in denen verschiedene Ingredienzen gemischt wurden. Er wird genau wie Veilchenessig hergestellt. Die alten Rezeptmischungen sind allerdings nicht mehr unbedingt empfehlenswert – nicht weil ihre Wirksamkeit angezweifelt wird, sondern weil sie sehr kompliziert sind und weil moderne Arznei in den meisten Fällen angebrachter ist. Das alte Beispiel, das Sie im Rezeptteil finden, soll Ihnen nur zeigen, wie vertraut unsere Vorfahren in vergangenen Jahrhunderten im Umgang mit Pflanzen waren. Sie kannten sich genau aus und wußten, wann sie Wurzeln, Blätter oder Blüten einer Pflanze verwenden mußten.

Dieser kleine Umweg in altmodische Gefilde soll Sie aber nicht daran hindern, einmal Rosenessig herzustellen. Wenn Sie anstelle von Weinessig echten Obstessig verwenden und diesen mit Rosenblättern versetzen, dann erhalten Sie eine Essenz, die Sie z. B. ins Badewasser schütten können. In einem solchen Bad nehmen Sie durch die Haut die heilsamen Bestandteile des Obstessigs auf und genießen gleichzeitig den Rosenblütenduft.

Nach dem Bad können Sie sich mit diesem Rosenessig ganz abreiben – eine ebenso erfrischende wie wohlriechende Kosmetik!

Noch vielseitiger anzuwenden als Blütenessig sind verschiedene Blütenöle. Das berühmteste von allen, das rote Johanniskrautöl, kommt auch in der modernen Medizin wieder hoch

Die Entdeckung, wie man Atar, das kostbare Rosenöl, gewinnt, schreibt die Legende der indischen Prinzessin (und späteren Kaiserin) Nur Mahal zu.

zu Ehren. Dieses sagenumwobene alte Kraut mit den sonnengelben Blüten ist Ihnen schon bei den Likören und beim Tee begegnet. Seine edelste und »wunder-vollste« Form erreicht es im Öl.

»Von diesen Blumen pflegen die erfahrne Wundärßte ein gar köstlich Balsamöl zu bereiten, welches zu allen sonderlichen Wunden deß weißen Geäders sehr berühmt.«

Das rot gefärbte Johanniskrautöl ist ein wirkungsvolles Mittel bei Verbrennungen. Schon ein paar Tropfen genügen, um den Schmerz zu lindern.

Eine alte heilkundige Frau in Wörishofen, die Pfarrer Kneipp noch gekannt hat, hatte stets einen Vorrat von Johanniskrautöl im Haus.

»Da kommt nun ein jed's, dem's wo fehlt, und holt sich davon! Und das kostet halt nur ein Vergeltsgott!« Bei eitrigen Wunden und harten Geschwüren, bei denen gar nichts mehr helfen wollte, »da wirkt's grad wie ein Wunder!« erzählte sie. Und dann empfahl sie allen, die die guten Kräfte ihres Öls kennengelernt hatten, ein paar Wochen lang eine Frühjahrskur damit zu machen. Dazu muß man vor dem Frühstück täglich einen Teelöffel voll Johannisöl nehmen. Die alte Frau beteuerte, daß man davon neue Frische und Kraft bekomme.

Die moderne Medizin würde ihr nicht widersprechen. Auch eine Einreibung des ganzen Körpers, am besten zusammen mit einer leichten Bürstenmassage, erzeugt Frische und eine Empfindung von Wohlbehagen, Wärme und Entspannung. Da das gute alte Johanniskraut ganz besonders wohltuend auf das Nervensystem wirkt, kann man solche Einreibungen allen streßgeplagten Mitmenschen empfehlen.

Ganz allgemein hat das Johannisöl eine heilsame Wirkung bei Rheuma, Gicht und Nervenschmerzen. Das vielseitige Heilöl ist auch heute wieder so anerkannt, daß Sie es in jeder Apotheke fertig kaufen können, wenn Sie keine Zeit oder Gelegenheit haben, es selbst herzustellen.

Eine kluge Hausfrau, die sich ein wenig in den überreichen Schätzen der Natur auskennt, sollte Johannisöl immer als eisernen Vorrat im Haus haben. Bei einer Brandblase am Finger, einer kleinen Wunde oder Nervenschmerzen im Arm ist die ölige Arznei aus den sonnenverwandten gelben Blüten eine schnelle Hilfe.

Die zweite altberühmte Blume, deren Kräfte in Öl gelöst werden, ist die weiße Lilie (Lilium candidum). Die »Madon-

S. Johañskraut.

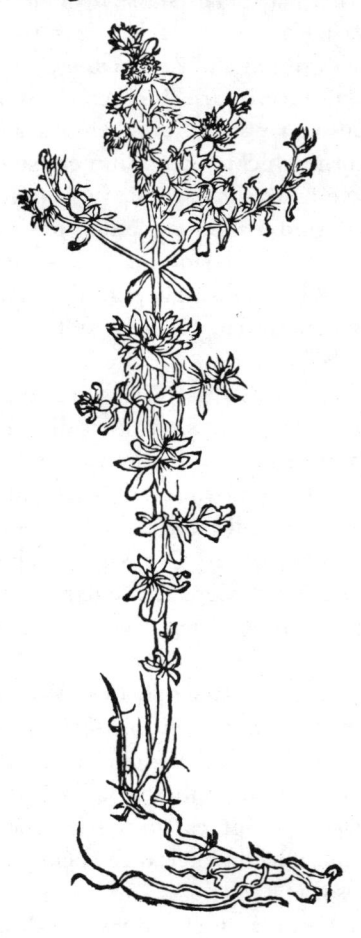

Johanniskraut.
Aus dem *Contrafayt Kreüterbuch*, 1532.

nenlilie«, wie sie im Mittelalter genannt wurde, hat die unter Pflanzen seltene Eigenart, daß sie sich nicht vermischt. Sie blieb durch viele Jahrhunderte sich selber treu, rettete ihre reine, weiße Gestalt durch alle Zeitwirren und blüht heute in unseren Gärten wie einst in griechischen Gärten, auf byzantinischen Mosaiken oder mittelalterlichen Marienbildern.

In einer Kulturgeschichte der Blumen steht über diese ebenso sanften wie beharrlichen Lilienwesen geschrieben:

»Lilie und Rose sind Katze und Hund des Pflanzenreichs. Unverändert wie die Katzen sind die Lilien seit jenen Zeiten, da die ägyptischen Künstler ihr ewig gültiges Abbild schufen. Die Rosen sind dauerndem Wandel unterworfen wie die Hunde.«

In Italien, Sizilien, Dalmatien, Griechenland und der Türkei wachsen die Lilien wild – es sind noch die »Lilien auf dem Felde«. Aber schon in der Antike holte man sich die edlen, duftenden Blumen in die Gärten. Sie waren in Griechenland der Göttermutter Hera heilig und galten als besonderes Heilmittel bei Frauenkrankheiten. Die Sage erzählt, die weißen Lilien seien aus der Milch der Hera entsprossen, die auf die dunkle Erde tropfte, als sie eines Tages schlafend ihren Sohn Herakles säugte.

Herodot, der gelehrte Reisende des Altertums, der das Babylon und Ägypten seiner Zeit beschrieb, berichtete, daß die Babylonier Spazierstöcke hatten, deren Knauf oft die Gestalt einer Rose oder eine Lilie hatte.

Im *Alten Testament* heißt es von den Lilien, daß »auch Salomon in all seiner Herrlichkeit nicht bekleidet gewesen ist wie derselben eins«.

Im christlichen Abendland schließlich wurde die weiße Lilie zum Symbol der reinen Jungfrau Maria. Seither heißt sie bei uns »Madonnenlilie«.

Aber unseren Vorfahren war das Liliengewächs nicht nur ein heiliges Symbol und eine überall geliebte Schönheit. Man hatte in alten Zeiten keine Scheu, Blüten auch zu brechen und zu benutzen, wenn man um ihre Kräfte wußte. So wurde auch die »weiß Gilgen« von den alten Kräutervätern wegen ihrer erweichenden und schmerzstillenden Eigenschaften hochgeschätzt. Sie berichten von einem sehr alten Salbenrezept: »Ein köstlich Salb, Lirinum oder Susinum genannt.«

Paracelsus pries die Lilien, deren »Staubgefäße mit Honig verdorbene Krampfadern, Bänder, Sehnen und durchschnittene Nerven heilen.«

Und Bock, der Kräuterkundige, schwärmt: »Das best von disen Blümen zu allerley schmertzen zu stillen, ist das olei [Öl]; dann weiß Gilgenöl heilet und lecht allerhand hitzige schmerzen und brand von feur oder der pestilenz, blattern, damit gesalbt und die weiße bletter darmit übergelegt. Gemelt Gilgenöl erweicht die harten nerven oder spanadern usw.«

Auch heute noch wird Lilienöl hergestellt und benutzt. Es macht das Gewebe geschmeidig und beugt Venenentzündungen vor. Aber auch bei Brandwunden wirkt es schmerzlindernd – ähnlich wie das Johannisöl.

Die schneeweißen Madonnenlilien mit ihren goldenen Staubgefäßen erblühen zu Beginn des Sommers auf meterhohen Stielen – »also daß sich« (wieder nach Bock) »ein jede Gilg einem Glöcklein vergleicht. Mitten in den Blumen stehen gelbe pützlein auff dünnen faseln oder stielen. Die pützlein geben einen andern Geruch als die Blüm und zerstieben leichtlich«.

Auch die blauen Blüten des Borretschs, die das Herz so fröhlich machen sollen, kann man nach mittelalterlichem Rezept in Öl legen. Wenn man mit diesem Öl Herz und Magen einreibt, »so gibt es eine große Kraft«.

Der graue Wermut mit seinen vielen unscheinbaren Blüten gehört zu den Heil- und Gewürzpflanzen, die auch heute noch in manchem Garten anzutreffen sind. Vor allem aber brauchen ihn die Spirituosen-Fabrikanten. Kein Magenschnaps ohne den bitteren, aber heilsamen Wermut!

Im Mittelalter und zu Beginn der Neuzeit machte man auch ein äußerlich anzuwendendes Wermutöl aus den Blüten dieses unauffälligen, aber starken Heilsträuchleins. Tabernaemontanus berichtete von seinen wohltätigen Wirkungen:

»Der Bergwermuth erwärmet und stärcket den schwachen und erkalten Magen und die Leber / und ist in allen Kranckheiten des Magens und der Leber / die ihren Ursprung von Kälte haben / nichts dienlichers und nützlichers als der Wermuth / und was darvon gemacht wird. Derwegen derselbig nicht ohne Ursach auch in die Küchen kommet / dann die Köch den jungen Wermuth in die Eyer oder Pfannenkuchen pflegen zu vermischen / welches denen / so erkaltete Mägen haben / eine sehr dienliche Speiß ist.«

Eine der edelsten Duftpflanzen wächst in den Mittelmeerländern wild und verbreitet ihren feinen Wohlgeruch viele Sommermonate lang durch ganze Landschaften. Es ist der Lavendel. Sein Name stammt vom lateinischen »*lavare*«, das heißt »waschen«. Und schon daraus kann man erahnen, daß der duftende Lavendel schon früh dem Wasch- oder Badewasser zugesetzt wurde.

Das silbergraue holzige Sträuchlein mit den blauen Blütenähren ist inzwischen längst auch in unseren Gärten heimisch. Die zweijährigen Pflanzen haben den höchsten Gehalt an ätherischen Ölen. Eine große Rolle spielt der Lavendel in der Parfümindustrie. Beliebt ist auch immer noch der frische Duft, den einige Lavendelsträußchen im Wäscheschrank verströmen. Und ganz nebenbei vertreiben sie auch noch die Motten.

Früher rieben die Jäger in der Provence ihre Hunde mit Lavendelbüschen ab, wenn sie von Schlangen gebissen worden waren. Die Wunden heilten dann erstaunlich schnell. Inzwischen weiß man, daß der gute alte Lavendel antiseptische Eigenschaften hat. Einreibungen mit Lavendelöl lindern auch rheumatische Leiden.

Blütenöle sind wirklich duftender Balsam. Wenn Sie für leichte Verletzungen oder Unpäßlichkeiten solche alten Hausmittel vorrätig haben, können Sie sich und Ihren Lieben manchen Schmerz lindern. Solch ein duftendes, heilendes Öl ist doch die angenehmste Form von Medizin, die man sich denken kann.

Wenn Sie möchten, können Sie die Öle selbst herstellen. Aber Sie müssen nicht unbedingt Ihren Blumengarten plündern. Fast alle Kräuteröle bekommen Sie fertig in der Apotheke.

Veilchen-Essig

Zwei bis drei Hände voll Veilchenblüten, von denen die Stiele entfernt wurden, werden in eine Flasche gefüllt, darüber gießt man guten Weinessig und läßt sie – gut verschlossen – einige Zeit in der Sonne stehen. Dann seiht man den Essig durch (dazu kann man Filtertüten benutzen) und bewahrt den fertigen Veilchen-Essig in einer verschlossenen Flasche kühl auf.

Mit Veilchen-Essig können Sie Soßen und Ragouts eine besondere Würznote verleihen.

Ein Glas Zuckerwasser, mit einem Teelöffel Veilchen-Essig verrührt, ergibt ein beruhigendes Getränk, das bei Nerven- und Kopfschmerzen gute Dienste leistet.

Rosen-Essig

Rosen-Essig wird nach derselben Methode wie Veilchen-Essig hergestellt. Benutzen Sie als Grundlage echten Obstessig. Dann gewinnen Sie einen duftenden, gesunden Badezusatz.

Rosen-Essig auf der Basis von Obstessig kann auch als erfrischende Einreibung nach dem Bad benutzt werden.

Wermut-Öl
(Artemisia absinthium)

Im folgenden ein Originalrezept aus dem *Kräuter-Buch* von Jakob Theodor Tabernaemontanus (1520–1590).

Das Wermuthöl wird auf vielerley Wiß [Weise] bereitet / und wird gemeiniglich in allen wohlgerüsten Apothecken auf folgende Wiß gemacht. Man nimmt der zeitigen Blümlein von dem Bergwermut samt den öbersten Gipffeln 8. Loth / frischen ausgepreßten Wermuthsafft 8. Loth / des besten geelen wolzeitigen Baumöls 36. Untzen / thut solche Stücke zusammen in ein zinnen oder steinen Geschire / lasset gemächlich in einem Kessel mit Wasser sieden / biß daß der Safft sich gar verzehrt / darnach seihet mans durch ein Tuch / und preßt den Wermuth hart aus / thuts in ein Gläsin Geschire / und stellt es in einem wohlvermachten Glaß hin zu dem Gebrauch.

Speiß / den Magen warm damit gesalbet. Es vertreibt den Schmertzen und Aufblähen der Seiten / gleichfalls gebraucht / tödtet und treibt aus die Bauchwürm / den Nabel darmit gerieben / löset auf die Verstopffung der Leber / und so die erkaltet / erwärmet es dieselbig: Dient für die kalten Bauchflüß / und sonderlich für den Leberfluß / den gantzen Bauch vor

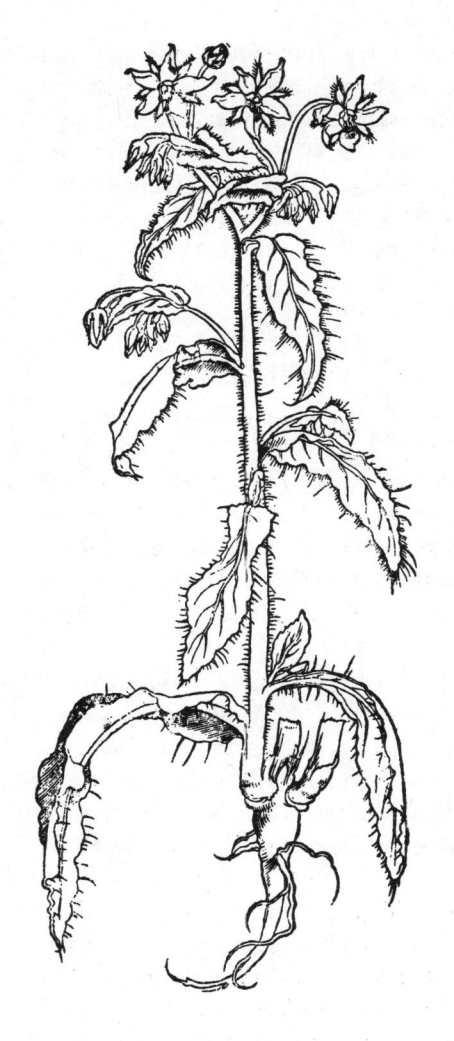

Borretsch.
Aus dem *Contrafayt Kreüterbuch*, 1532.

dem Essen darmit gesalbet: Gleicherweiß gebraucht / vertreibt es Cholera Morbum / das ist den schmertzlichen Bauchfluß von der Gallen mit stätigem undäuen. Es miltert den Schmertzen der Ohren von Kälte und Winden verursacht / und vertreibt das Sausen derselben / warm in die Ohren gegossen. Es vertreibt auch das Grimmen im Leib in Gestalt einer Clistier zu sich genommen / derwegen es nützlich in solche Gebresten mit den Clistieren vermischt wird.«

Johanniskraut-Öl
(Hypericum perforatum)

Johanniskraut-Öl wird nur von Blüten und Knospen hergestellt. Außerdem braucht man eine Flasche bestes Speiseöl. In einigen Rezepten wird dazu besonders Mohnöl oder Olivenöl empfohlen. Pro Liter Öl rechnet man drei Hände voll Johanniskrautblüten. Sie enthalten ein rotes Harz, dessen Farbe in das Öl übergeht. Die Blüten werden in das Öl gefüllt; dann stellt man die gut verschlossene Flasche zwei bis drei Wochen auf die Fensterbank in die Sonne.

Nach dieser Zeit wird das Öl zum ersten Mal durchgeseiht und dann noch einmal mit frischen Blüten versetzt. Nach weiteren zwei Wochen wird das Johanniskraut-Öl dunkelrot und nach nochmaligem Durchseihen gebrauchsfertig.

Lilien-Öl
(Lilium candidum)

Auf einen Liter bestes Speiseöl nimmt man drei Handvoll abgezupfte Lilienblätter ohne Staubgefäße. Sechs Wochen lang müssen sie in einer Flasche an der Sonne destillieren. Dann wird das Öl durchgeseiht. Es ist fertig zum Einreiben und wird von nun an kühl aufbewahrt.

Borretschblüten-Öl
(Borago officinalis)

Die blauen Borretschblüten werden in Öl gelegt. Man läßt sie auf die gleiche Weise destillieren wie die Lilienblüten.

Lavendelblüten-Öl
(Lavandula angustifolia)

Die Lavendelblüten werden kurz vor dem Aufgehen vom Stengel gestreift. Auch Blätter und Stengelteile können verwendet werden. Man kann sorgsam getrocknete Lavendelblüten oder auch frische Blüten verwenden. Sie werden in Öl angesetzt und in die Sonne gestellt, wie es in den vorhergehenden Rezepten beschrieben ist.

Alkoholauszüge

Es gibt überall gute und böse Geister. Kräutergeister sind nicht etwa winzige Gartenzwerge oder Blumenfeen. Es sind Essenzen, die mit hochprozentigem Alkohol angesetzt werden. Meist werden sie später zu Einreibungen verwendet.

Im Gegensatz zu den schon vorher beschriebenen Likören sind die Kräutergeister also nicht zum Trinken gedacht. Es sind sogenannte Alkoholauszüge. Die heilsamen Wirkstoffe werden aus den Pflanzen herausgezogen mit Hilfe des Alkohols. Der Prozeß läuft ähnlich wie bei den Heilölen ab. Die Blüten werden zusammen mit dem Alkohol in eine Flasche gefüllt, verschlossen und an der Sonne destilliert. Im Winter genügt auch die Wärme des Ofens.

Mit diesen Blütengeistern können Sie sich ruhig einlassen. Sie bewirken nur Gutes, wenn man ihre Eigenschaften genau kennt. Diesmal geht es also nicht um eßbare oder trinkbare Blüten, sondern um solche, mit denen Sie sich einreiben können. Wie und wann, das verraten die folgenden Rezepte.

Arnikageist
(Arnica montana)

Etwa eine Handvoll Arnikablüten werden in ¼ l hochprozentigem Kornbranntwein angesetzt und in einer verkorkten Flasche 14 Tage an einem warmen Platz stehengelassen.

Arnikageist hat sich bewährt bei Verstauchungen, Quetschungen und Wunden. Er wird immer mit abgekochtem oder destilliertem Wasser verdünnt, weil er sonst zu aggressiv ist. Umschläge mit Arnikageist dürfen nie luftdicht abgeschlossen werden, weil die Haut sich dann entzünden kann. Sehr empfindliche Menschen sollten lieber auf die Arnika verzichten.

Wegwartengeist
(Cichorium intybus)

»Das edle Kraut Wegwarten macht guten Augenschein«, sagt ein alter Spruch.

Und der Kräutervater Matthiolus weiß zu berichten: »Das destillierte Wegwartenblumenwasser dienet vor schweren Augen, macht ein klares und scharffes Gesicht, des Tages einmal oder vier etliche Tröpfflein in die Augen getan.«

Auch Hieronymus Bock traut der zartblauen Wegwartenblüte ähnliche Kräfte zu: »Das Wasser von den Bloen Blümlin gebrannt ist ein edel artzney zu den hitzigen und dunckelen Augen übergelegt.«

Ganz einfach gesagt, bedeuten diese alten Weisheiten: Umschläge mit Wegwartengeist helfen den Augen, besonders dann, wenn sie müde sind und brennen.

Akeleiengeist
(Aquilegia vulgaris)

Das ganze blühende Kraut wird in gutem Branntwein angesetzt. Umschläge mit Akeleiengeist sollen ein wirksames Mittel gegen Ausschläge sein.

XXXVIII Contrafayt

Ragwurtz.

Wolschmackend Knabenkraut.

Stendelwurtz.
Von dem nammen.

Tendelwurtz von den Kryechen vnd Latinischen Satyrion genent/auß der vr/ach/das es die man freydig macht vnnd wolgerüst/zů dem kampff den der her: Adā vnd Heuam leret do sye beyneināder im garten waren. Darumb erlich andere jn den namen geben Ragwurtz/vnd Knabenkraut/wůrt vmb Franckfurt vnd Mentz genent Creützblům/darumb das seine blůmen in der Creützwuchen gessen werden/vnnd darnach bald verschwinden

Es haben in etlichē landen die hyrtē den brauch/das sye ab disem kraut den widern/vnnd den böcken zů trincken geben/da mit sye wol sprengen mögen. Vnd in Sarmatia gibt man solichē den rossen/die faul seind/vnd auf gleicher vrsach mt steigen. Ist also erkündiget worden/das es auch den vnkrefftigē mannen brëüchlich vnd dyenstlib ist.

Geschlecht vnd gestalt.

Fünfferley gestaltē disses krauts habē wir erkündiget/welche zů gegē gesetzt/ein rheyl mit braun geferbtē blůmlin/ein theyl gar weißß. Vn lycht man augen scheinlich/zwey geschlecht dises krauts/männliches vnd weibliches. Des mänlin kraut vnd stengel ist den Hermodacrelen/oder Zeytlöslin gleich/aber schmäler zärter/vnd nicht über einer spanen hoch. seine blůmlin seind gespzencklet/weißß

Stendelwurz (Knabenkraut).
Aus dem *Contrafayt Kreüterbuch*, 1532.

Gezuckerte Blüten

Eine besonders ansprechende Art, Blüten in einen eßbaren Zustand zu versetzen, ist das Verzuckern. Die Blumen behalten dabei weitgehend ihre Form, werden nur durch einen Zuckermantel haltbar gemacht und sehen wie verzaubert aus. Es ist, als hätte eine gute Fee sie in Bonbons umgewandelt. So verbinden sich Schönheit, Wohlgeschmack und heilsame Wirkung auf bezaubernde Weise.

Wenn Sie Ihren Gästen eine Schale voll verzuckerter Rosen oder kandierter Veilchen vorsetzen, werden Sie sicher großes Entzücken hervorrufen angesichts solcher seltenen Genüsse. Selbst Freunde, die sonst nicht für Süßes zu begeistern sind, werden nicht widerstehen können und Ihre verzuckerten Blütenköstlichkeiten versuchen wollen.

Verzuckerte Rosenblätter
(Ein Rezept aus dem Buch *Queen's Delight* von 1695)

In unsere Sprache übersetzt lautet dieses alte englische Rezept:
»Man taucht kleine Rosenblätter in Eischnee oder in eine schwache Lösung von Gummiarabikum (statt dessen kann man auch aufgelöstes Süßholzpulver nehmen) und legt sie auf ein Stück Pergamentpapier, das mit Hagelzucker bedeckt ist. Dann bestreut man die Blätter auf beiden Seiten mit Zucker und trocknet sie an einem warmen Ort, in der Sonne oder in

einem lauwarmen Backofen. Lagenweise auf feines Papier geschichtet, können diese Zuckerrosen dann in gut verschlossenen Dosen oder Gläsern aufbewahrt werden. Benutzen Sie sie als Dekoration von Torten oder als besonders delikates Konfekt.«

Statt der einzelnen Rosenblättchen können Sie natürlich auch ganze, gut gereinigte Röschen verwenden.

Verzuckerte Veilchenblüten

Veilchenblüten werden in kochendem Wasser ganz kurz blanchiert und dann sorgfältig abgetropft. Dann kocht man Zukker auf, bis er Blasen wirft. In diesem Augenblick wirft man die Veilchenblüten hinein und läßt alles noch einen Augenblick kochen. Dann nimmt man den Topf vom Herd und läßt die Mischung abkühlen. Wenn der Zucker wieder trocken geworden ist und sich anfassen läßt, nimmt man jede Blüte einzeln vorsichtig aus der Zuckerverkrustung heraus und legt sie auf Pergamentpapier, wo man sie in ihrer süßen weißen Rüstung ganz erstarren läßt.

Verzuckerte Orangenblüten

Die verzuckerten Orangenblüten werden nach dem gleichen Rezept hergestellt wie die Veilchenblüten.

Verzuckerte Borretschblüten

Im 18. Jahrhundert verzehrten die Damen in Zucker eingelegte blaue Borretschblüten als »Stärkung des Herzens«.

Auch die Borretschblüten werden ebenso verzuckert wie die Veilchen- oder die Rosenblüten.

Verzuckerte Wegwartenblüten
(Ein altes Originalrezept)

»Von den schönen, lieblichen blawen Blumen der Wegwarte wird ein nützlicher und anmüthiger Conservenzucker auf folgende Weiss gemacht: Nimb ein theil der abgepflückten frischen Blumen, schneide sie klein auf einem Brett, stoß es darnach wol in einem steinernen Mörser, und im stoßen wirf allgemaehlich darzu drei theil Zucker. Wann es nun wol vermischt, und zu der Gestalt einer Lattwergen gebracht worden ist, so thues in ein Zuckerglas oder Porcellanbüchsen, stelle es eine zeitlang in die Sonne und behalt es zum Gebrauch. Dieser Conservenzucker stärcket das Hertz, dienet wider das Hertzklopfen von Hitze verursacht, eröffnet, reiniget und stärcket die Leber, vertreibet das Magenbrennen und den Sood, wehret den Fiebern und der anfahrenden Wassersucht, kühlet die erhitzte Leber und alle innerlichen Glieder. In summa dieser Zucker dienet zu allen Gebrechen.«

(Aus dem Kräuterbuch des Matthiolus, Basel 1687)

Konservenzucker von Wermut
(Ein altes Originalrezept)

»Man machet aus dem Wermuth ein edlen Conservenzucker / welcher auf folgende Weiß bereitet wird. Man nimmt der öbersten Gipffeln vom Bergwermuth / mit seinen Blümlein und zärtsten Blättlein ein Theil / zerschneid das auf einem saubern Brettlein auf das kleinest / darnach stößt man es wol in einem Mörser. Wann es klein und genug gestoßen ist / thut man darzu drey Theil Zucker / stößts wol durch einander / und so es nicht feucht genug ist / soll man ein wenig Wermuthwasser im Stoßen zugießen. Darnach thut mans in ein Zuckerglaß / vermachts wol / und stellt es ein Zeitlang an die Sonn. Von diesem Conservenzucker gibt man auf einmal des Morgens nüchtern / ist denen ein edle Artzney / die mit den grünen Siechtagen behafft / und zur Wassersucht geneigt seyn. Es dienet auch dieser Zucker zu allen Kranckheiten / darzu der Wermuth gut ist.«

Wermut.
Aus dem *Contrafayt Kreüterbuch*, 1532.

Eines der Zentren des holländischen Nelken- und Muskathandels war die Stadt Batavia auf der Insel »Java Maior«, heute Jakarta. Kupfer aus dem Herport-Bericht.

IV.
Exotische Blüten aus weiter Ferne

Dieses Bankett eines Königs zeigt die Wichtigkeit, die man den Gewürzen zumaß. Holzschnitt aus dem 16. Jahrhundert.

Hätten Sie's gewußt?

Bis jetzt sind Sie in diesem Buch nur Blumen begegnet, die in Ihrem eigenen oder in Nachbars Garten zu Hause sind, und Pflanzen, die in den Wiesen und Wäldern Europas wachsen. Daß man viele von ihnen auch essen kann, war Ihnen vielleicht ein neuer, ungewohnter Gedanke.

Blüten aus fernen Erdteilen haben Sie dagegen sicher schon oft auf Ihrem Speisezettel gehabt. Sie haben sie wahrscheinlich ganz selbstverständlich benutzt, ohne zu ahnen, daß Sie gerade die Bestandteile einer exotischen Blüte in den Suppentopf warfen oder einen Braten damit würzten.

Machen wir also zum Schluß einen kleinen Abstecher in das duftende Wunderland fremdländischer Blütengewürze.

Nelkenblüten

Gewürznelken oder »Nägelchen« sind überall in der Küche beliebt. Es sind die getrockneten Blütenknospen des Nelkenbaumes.

Einst waren sie in Europa sehr kostbar und wurden teuer bezahlt wie alle Gewürze, die aus fernen Erdteilen in dunklen Schiffsbäuchen die lange Reise ins Abendland antraten. Einer der Begleiter des Weltumseglers Marco Polo, ein gewisser Pigafetta, gab eine genaue Beschreibung des damals entdeckten Nelkenbaumes:

»Der Baum ist hoch und dick, wie ein Mann groß ist, nicht mehr und nicht weniger... sein Blatt ist wie das des Lorbeers; die Rinde ist olivgrün. Die Nelken wachsen an der Spitze der Zweigchen, zehn oder zwanzig zusammen... wenn sie wachsen, sind die Nelken weiß, reif sind sie rot und trocken schwarz. Man erntet zweimal des Jahres, am Geburtsfest unseres Erlösers, das andere Mal an St. Johann, da zu beiden Zeiten die Luft sehr lau ist. Sie wachsen nur in den Bergen, und wenn einige dieser Bäume im Flachland gepflanzt werden, leben sie nicht...«

Der Gewürznelkenbaum wird aber nicht nur auf den Molukken, wo Marco Polo ihn fand, angebaut, sondern im ganzen tropischen Asien sowie auf Madagaskar und in Sansibar.

In China war das Nelkenblütengewürz schon 200 Jahre v. Chr. bekannt. In Indien geht sein alter Name »Luvunga« sogar auf das Sanskrit zurück.

In der Spätzeit des Römischen Reiches waren die feurig aromatischen Knospen des Nelkenbaumes schon bis nach Italien gedrungen. Im 17. Jahrhundert schrieb der Kräuterfachmann Matthiolus:

»Die Nelken, die man aus Indien bringt, sind die Blütchen eines Baumes, hart wie schwarze Halme, fast einen Finger lang.«

Und in einem anderen alten Buch heißt es:

»Nägelin werden Nägelin genannt / dieweil eines Nagels Gestalt haben. Sie seynd gut in der Arztney / dann sie schärffen das Gesicht / benemmen das Tunkel der Augen und machen sie klar / dienen dem Magen und der Leber / stärken das Hertz / machen wol dauen. Wer ein halb Quintlin Nägelin mit Milch fastend eintrinkt / dem bringt es sein Natur. Von den Nägelin pflegt man ein köstlich Oel zu destillieren.«

Eine besondere Gewürznelkenspezialität entstand in England. Dort waren die sogenannten Pomander sehr beliebt. Das sind mit Nelken gespickte Orangen, die man als duftende Kugeln in den Wäscheschrank legte, wie bei uns Lavendelsträußchen.

Wenn Sie das nächste Mal in Ihrer Küche Gewürznelken in eine Zwiebel stecken oder einen Sauerbraten damit verfeinern, dann wissen Sie, daß es getrocknete Blütenknospen sind – eßbare Blumen aus fernen Ländern!

Kapernknospen

Auch in einer würzigen Kapernsoße schwimmen viele Blütenknospen. Wußten Sie es? Der Kapernstrauch (Capparis spinosa) ist in den Mittelmeerländern und in Nordafrika zu Hause. Die holzigen Sträucher, die oft über alte Mauern ranken, tragen rosa-weiße Blüten. Die Gewürzkapern bestehen aber aus den Blütenknospen, die gepflückt werden müssen, ehe sie aufgehen. Je kleiner die Knospen sind, desto besser schmecken sie, desto teurer werden sie auch bezahlt.

Die vielen Knöspchen werden in Salz, Öl oder Essig konserviert und sind lange haltbar. In der Gegend von Toulon und in den Seealpen werden Kapern regelrecht angepflanzt. Jede Pflanze liefert etwa ein halbes bis drei Kilo Gewürzkapern.

Die eßbaren Blütenknospen waren schon im Altertum bekannt und beliebt. Die göttliche Phryne soll bereits um 400 v. Chr. einen schwunghaften Handel damit betrieben haben.

In einer Beschreibung aus dem 16. Jahrhundert heißt es:

»Cappern / Capres roh gessen / schaden dem Magen / sollen deshalben zuvor in Wasser gequellet / mit Essig und Oel genossen werden / ist gut den Podagrischen Glidern / den Phlegmatischen / Miltzsüchtigen / dem Hüftwehe / und denen / so schwerlich harnen. Wurtzeln und Blättern gestoßen / vertreiben die harte Beulen und Oberbein.«

Muskatblüten

Auch die Muskatblüte ist ein vertrautes Küchengewürz. In ihrem Fall täuscht allerdings der Name. Es handelt sich nicht um eine richtige Blüte, sondern um ein Hüllblättchen, das nur so aussieht »als ob«.

Schon in einem alten Kochbuch aus dem vorigen Jahrhundert ist genau beschrieben, wie es sich mit der Muskatblüte verhält:

»Eines der bekanntesten und beliebtesten Gewürze, welches aus der getrockneten Fruchthülle der echten Muskatnuß besteht; die sogenannte Muskatblüte liegt unter der äußeren trockenfleischigen Schale um die harte Holzschale der Nuß, sieht in frischem Zustande purpurrot, getrocknet dagegen safrangelb oder gelb aus, wird aus korallenförmig zerschlitzten, plattgedrückten Häutchen mit gezähnter Spitze gebildet, hat einen schwachen Fettglanz, ist etwas steif und zerbricht leicht beim Biegen. Geruch und Geschmack sind stark und eigentümlich gewürzhaft und brennend, ähnlich, aber lieblicher und aromatischer als bei der Muskatnuß. Gute Ware muß orangegelb aussehen, kräftig riechen, etwas zäh, biegsam und ölig sein... Man benützt die Muskatblüten als Küchen- und Backgewürz, darf wegen ihres starken Geschmacks aber nur sehr kleine Quantitäten davon nehmen; ebenso verwendet man sie wie das daraus gewonnene ätherische Öl vielfach zur Bereitung von Parfümerien.«

Zimtblüten

Eine echte Blüte ist dagegen die Zimtblüte, die im selben alten Kochbuch gewissenhaft beschrieben ist:

»Zimtblüten oder Zimtblumen, Flores cassiae. Die getrockneten, abgeblühten Blumen oder eben angesetzten, noch mit der Blütenhülle umgebenen Früchtchen von einem in Chochinchina heimischen Baume, Cinnamomum Loureiri, welcher auch in China kultiviert und dort Kio-kui genannt wird. Sie sehen den Gewürznelken einigermaßen ähnlich, sind von dunkelbrauner Farbe, bis fast eineinhalb Zentimeter lang und haben einen festen, runzligen Blütenstiel, auf dem der trichterförmige Unterkelch sitzt, an dessen Rande sich sechs derbe, lederartige, nach innen geschlagene Kelchblätter befinden, die den blaßbräunlichen, einsamigen Fruchtknoten umschließen. Die Zimtblüten riechen und schmecken stark gewürzhaft und zimtartig, aber weniger fein und angenehm als guter Zimt; man verwendet sie als Gewürz und zur Darstellung des ätherischen Zimtblütenöls, das in der Parfümerie verwendet wird.«

Vielleicht ist dieser chinesische Zimt das älteste Gewürz, das uns überliefert ist. Es soll schon 2700 v. Chr. von dem chinesischen Kaiser Shen-Nung erwähnt worden sein. Er muß auch schon sehr früh im Vorderen Orient bekannt gewesen sein. Im »Hohen Lied« Salomos des *Alten Testaments* wurde der Zimt bereits den »erwählten Gerüchen« zugerechnet.

Häufiger als getrocknete Zimtblüten kommt die abgeschabte Innenrinde des Zimtstrauches in den Handel. Es sind braune, köstlich duftende Röhrchen, die das beliebte Zimtaroma enthalten.

Zimt ist auch in vielen Likören enthalten, zum Beispiel in Angostura, Boonekamp und Chartreuse.

Safranblüten

Ein altberühmtes Blütengewürz ist auch der seltene Safran. Der Crocus sativus, ein Zwiebelgewächs aus der Familie der Schwertlilien, ist wahrscheinlich in Kleinasien zu Hause. In vielen Mittelmeerländern und auch in Persien wird der kostbare Safran kultiviert. Safrangewürz war schon immer teuer, denn man verwendet zu seiner Herstellung nicht etwa die ganzen Blüten, sondern nur die gelbroten Blütennarben.

Etwa 40 000 solche Narben müssen gesammelt und getrocknet werden, um ein Pfund Safranpulver zu gewinnen.

Mit Safran schmückten die alten Griechen ihre Brautbetten. Die Römer schütteten Safran in den Wein und trugen bei festlichen Gelagen auch die kostbaren Krokusblüten im Haar, weil sie glaubten, dadurch vor Trunkenheit geschützt zu sein.

Kaiser Hadrian ließ die Götterstatuen und die Tempelstufen mit Safranwasser besprengen. Und Kaiser Aurelius Antoninus (Mark Aurel) badete selbst in Safranwasser, weil es die Haut schön färbte und angeblich auch die Liebeskraft steigerte.

Heutzutage macht man mit dem Safran nur noch Küchenexperimente. Das leuchtendgelbe Gewürz schmeckt zartbitter und etwas feurig. Es darf nur sparsam verwendet werden, würzt dann aber auf raffinierte Art und gibt den Speisen auch seine goldgelbe Farbe ab. Eine Bouillon oder ein Risotto Milanese können mit Safran verfeinert werden. Auch eine helle Soße zu einem Hühnerragout bekommt durch Safran eine besondere Note.

Da dieses Blütengewürz immer selten und teuer war, wurde es auch oft verfälscht und mit anderen Zutaten gemischt, um größere Mengen zu erhalten. Deshalb heißt es wohl schon in einem alten Text:

»Es seynd viel Unterschied des Saffrans / seiner Güte halben. Saffran bringt Unlust zu essen / und stärket doch den Magen mit seiner Hitz. Ist gut dem Miltz / bringt Begierde zur Unkeuschheit / macht wol harnen / stärcket das Hertz und macht ein frölich Geblüt. Safran auf einmahl zwey oder drey quintlin getrunken / ist töttlich. Fürs Podagramische Saffran mit Eyerdotter / Rosenoel und Rosenwasser / streichs mit einem Federlin drauff / es hilfft.«

Noch im vorigen Jahrhundert gab ein Kochbuch den Hausfrauen genaue Anweisungen über den Safran. Er wurde exakt beschrieben; sogar Hinweise auf verschiedene raffinierte Fälschungsmethoden fehlten nicht:

»Die im Orient heimische, in Gegenden des südlichen Europa und Deutschland angebaute Safranpflanze, lateinisch Crocus sativus, ist ein Zwiebelgewächs mit verschieden gefärbten, bald roten, violettgestreiften, bald violetten, rotgestreiften Blüten, welche direkt aus der Zwiebel kommen und in der Form denen der anderen Krokusarten gleichen und im September zur Entfaltung gelangen. Sie brechen aus einer zweiblättrigen Scheide hervor, und aus dem Grunde der Blumenkrone erhebt sich ein zehn bis zwölf Zentimeter langer, fadenförmiger, gelb gefärbter Griffel, an dessen Ende sich drei lappenförmige, drei bis vier Zentimeter lange, am unteren Ende gelblich, am oberen orange bis blutrot aussehende Narben befinden, welche etwas aus der Mündung der Blumenkrone hervorragen. Diese eigentümlich stark und aromatisch, fast betäubend riechenden Narben, welche mit dem Griffelende abgepflückt und bei künstlicher Wärme getrocknet werden, bilden den Safran; sie fühlen sich etwas fettig an, sind zähe und schwer zu pulverisieren, haben einen gewürzhaft bitteren Geschmack und enthalten einen unschädlichen intensiven gelben Farbstoff.

Man benutzt den Safran als Würze für Speisen und Backwerk wie zum Färben von Soßen, Cremes, Gelees, Puddings, Likören usw. Außerdem dient er als Heilmittel, wirkt, innerlich gebraucht, schmerz- und krampfstillend und äußerlich angewendet als erweichendes, zerteilendes Mittel bei Entzündungen und dergleichen.

Der Safran gedeiht überall, wo der Weinstock den Winter über im Freien ausdauert, und verlangt trockenen, warmen, tiefgelockerten und fruchtbaren Boden sowie eine sonnige, vor rauhen Winden geschützte Lage.

Bei dem hohen Preis des Safrans ist derselbe natürlich vielfachen Verfälschungen ausgesetzt. Häufig findet man die Griffelfäden des Safrans, Safflor, Ringelblumen und andere rotgelbe Blütenblätter beigemengt, und die Safrangriffelfäden, mit etwas echtem Safran eingefärbt und gemischt, bilden unter dem Namen Föminell einen besonderen, nur zum Verfälschen des echten Safrans bestimmten Handelsartikel. Bisweilen sucht man auch das Gewicht des Safrans durch Befeuchten mit dünnem Zuckersirup, Glyzerin oder Gummischleim zu vermehren.«

V.
Floras goldene Tränen

Aus dem Herzen der Blumen die Götterspeise Nektar und Ambrosia

Blumen, die man essen, trinken und auf mancherlei Weise zu sich nehmen kann, füllten bisher den Reigen der Köstlichkeiten, die hier für Sie gesammelt wurden. Nun ist es Zeit, noch vom Honig zu sprechen. Dieses edle Produkt der Natur ist so etwas wie die Quintessenz aller Blütenfülle. Im Honig vereinen sich Süße und Stärke, Wohlgeschmack und Heilkraft zu einer unnachahmlichen Zauberformel.

Uralt ist das Wissen um den süßem Saft aus den Herzen der Blüten, der auf dem Umweg über die Bienen auch den Menschen zugute kommt.

Für die Griechen der Antike waren Nektar und Ambrosia die Götterspeise und der Göttertrank. Beide bestanden aus Honig, der in fester Form und als berauschendes Metgetränk den göttlichen Bewohnern des Olymps zur Verfügung standen.

Die alten Griechen glaubten, daß der Honig als »Honigtau« vom Himmel falle. Er war also von Anfang an eine Himmelsspeise. Diese gute Gabe »von oben« diente aber nicht nur zur Kräftigung der Götter. Auch die Menschen machten sich die edlen Eigenschaften des goldenen Blütenzuckers zunutze.

Die griechischen Athleten stärkten sich mit einer Mischung aus Mohnsamen, Honig und Wein, wenn sie für die Olympischen Spiele trainierten.

Homer berichtete, daß seine Landsleute aus Honig Salben und eine Art Seife herstellten. Honig wurde zur Wundbehandlung eingesetzt und am Ende sogar zum Einbalsamieren der Toten.

Zu allen Zeiten und in allen Kontinenten versuchten die Menschen, dieses kostbare Sekret aus dem Herzen der Blüten zu bekommen. Aus den Pflanzen selbst konnten sie es nicht herauslösen. Nur auf dem Umweg über den Bienenstock war der Honig erreichbar. So plünderten die umherziehenden Jäger in grauer Vorzeit die Nester der wilden Bienen in den Wäldern. Die Imker späterer seßhafter Völker hielten sich die Bienen als fleißige Haustiere, die den ganzen Sommer die süßen Blütensäfte heimtrugen. Im Herbst wurden auch ihre Vorräte geplündert. Aber der Mensch bietet den Insekten dafür eine Ersatznahrung an, damit sie am Leben bleiben und weiter für ihn Honig sammeln können.

Man hat sich miteinander arrangiert. Aber es ist immer noch ein langer und wunderreicher Weg, der von den Blüten bis zu einem Glas Honig führt. Man schätzt, daß für ein Kilogramm Honig hunderttausend bis zwei Millionen Blüten von Bienen besucht werden müssen.

Die meisten Blumen scheiden durch Nektarien oder Honigdrüsen an einer bestimmten Stelle der Blütenblätter oder des Blütenbodens einen zuckerhaltigen Saft aus. Diese Nektarquelle ist in der Natur tausendfach variiert. Jede Blüte ist anders gestaltet. Aber die Bienen finden mit sicherem Instinkt die süßen duftenden Tröpfchen und bestäuben dabei die Blume. Nektar gegen Blütenstaub heißt die Devise der Natur, die auch in diesem Fall mit raffinierten Methoden für den Nachwuchs und das Überleben sorgt.

Die Bienen saugen den Nektar mit ihrem Rüssel auf und speichern ihn in ihrer Honigblase. Daheim im gut organisierten Bienenstock übernehmen andere Arbeitsbienen die kostbare Flüssigkeit. Mit Hilfe von Fermenten verwandeln sie den

Zucker in sogenannten Invertzucker. Immer wieder bearbeiten sie ihn mit ihren Mundwerkzeugen und schleppen ihn von Zelle zu Zelle.

Auf diesem Weg verliert der Honig immer mehr an Wasser. Schließlich, am Ende dieses Prozesses, wird der reife Honig in eine Zelle des Honiglagers eingespeichert und mit einer Spur Ameisensäure konserviert. Ein Deckel schirmt den kostbaren Vorrat gegen äußere Einflüsse ab.

In diesem fertigen Zustand wird der Honig vom Menschen »geerntet«. Er enthält so viele Wirkstoffe, daß hier nur die wichtigsten aufgezählt werden können: Kalium, Natrium, Kalzium, Mangan, Eisen, Chlor, Phosphor, Schwefel, Jod,

Allegorische Darstellung eines Kräutergartens. Holzschnitt aus dem Kräuterbuch des Adamus Lonicerus.

Nickel usw. Hinzu kommen die Vitamine A_1, B_1, B_2, B_6, H, P, C und K.

Guter Honig enthält 70 bis 75 Prozent Traubenzucker. Er ist eines der am schnellsten verdaulichen Nahrungsmittel. Über 90 Prozent seiner Bestandteile gehen ohne Rückstände sofort ins Blut über.

Eine derart hochwertige Kombination von energiespendender Nahrung und einer unglaublichen Konzentration heilsamer Faktoren wird man nur im Honig finden. Er ist ein Wunder der Natur, das Blumen und Bienen gemeinsam hervorbringen.

Honig wirkt u. a. antibakteriell, vor allem dann, wenn der Honig aus Thymian und anderen Waldpflanzen gewonnen wurde. Sie wissen ja schon aus dem Tee-Kapitel, daß Thymian ein pflanzliches Antibiotikum enthält. Der Umwandlungsprozeß durch den Honig scheint diese Eigenschaft noch zu steigern.

Honig stärkt aber auch Herz und Nerven. Wer regelmäßig Honig ißt, erhöht die Widerstandskraft seines Körpers ganz erheblich. Genesende gewinnen schneller ihre Kräfte zurück, wenn sie dieses leichtverdauliche Nahrungs- und Heilmittel zu sich nehmen.

Die bakterienhemmenden Eigenschaften des Honigs werden auch heute wieder zur Wundbehandlung genutzt. Honigsalben heilen – genau wie bei den alten Griechen – Entzündungen, Verbrennungen und Geschwüre. Rosenhonig mit Borax wird für die Kinderpflege benutzt und ist in jeder Apotheke zu kaufen. Daß Honig in heißer Milch oder heißem Tee bei Erkältungen, Husten und Grippe hilft, ist wohl überall bekannt.

Der Nektar aus Millionen Blüten schmeckt und riecht ganz unterschiedlich, je nachdem, woher er kommt. Es gibt Kräuter- oder Wiesenhonig, Heide- und Waldhonig. Noch feiner spezialisiert sind: Rosenhonig, Salbeihonig, Lindenblüten-, Akazien- oder Orangenblütenhonig. Energiespender und Gesundheitsförderer aber sind alle Honigsorten, gleich aus welchen Blüten sie gesammelt wurden.

Nur der kleinasiatische Rhododendronhonig macht hier die große Ausnahme von der Regel. In der Türkei ist er als »Tollhonig« bekannt. Der Grieche Xenophon beobachtete schon im vierten vorchristlichen Jahrhundert, daß seine Soldaten nach dem Genuß dieses Honigs krank wurden. Aber das ist nur eine kuriose Honig-Geschichte am Rand. Sie brauchen beim Genuß von Honig nichts zu befürchten. Bei uns kommen nur gute und unverfälschte Sorten in den Handel.

Ein Arzt sagte einmal vom Honig, er sei »eingefangener Sonnenschein, eine schlackenfreie Nahrung für den lichthungrigen Körper«.

Viele Millionen Blumen sind die Lieferanten für diesen »eingefangenen Sonnenschein«. So gesehen produzieren Blüten edelste Nahrung. Wenn Ihnen der Gedanke, daß Blüten auch eßbar sind, noch sehr fremd sein sollte, dann finden Sie über den Honig vielleicht einen ersten Zugang zur duftenden Nahrungsquelle Blume.

Süßen Sie Ihren Blütentee mit Honig, dann trinken Sie Blumen in zweifacher Gestalt. Im Honig ist ein tiefes Blumengeheimnis verborgen; Sie können es genießen, ohne den Zauber zu zerstören.

BLÜTENHONIG-GETRÄNKE

Milch und Honig

Heiße Milch mit Honig hilft bei Erkältungen. Kurz vor dem Zubettgehen getrunken, beruhigt warme Milch mit Honig die Nerven und erleichtert das Einschlafen.

Honig-Ei-Milch

Ein Liter Milch wird erhitzt. Dann löst man vier Eßlöffel Honig darin auf und stellt sie beiseite. Vier Eigelb werden verquirlt und mit dem Schneebesen unter die Milch gerührt. Zum Schluß wird alles noch einmal kurz erhitzt. Die Milch darf aber nicht zum Kochen kommen. Ein Kraftgetränk!

Honig-Sahne mit Pfiff

Je ein halber Liter süße Sahne und Milch werden auf kleiner Flamme zusammen mit zwei Stückchen Ingwer erhitzt. Dann werden 125 Gramm Honig darin aufgelöst. Zuletzt rührt man noch einen achtel Liter Rum oder Whisky darunter.

Das Getränk wird in vorgewärmte Gläser gefüllt. Es kann aber auch eisgekühlt gereicht werden.

Kalte Honig-Milch

Ein Liter Milch, 50 Gramm Honig und ein Gläschen Cognac werden gut verquirlt. Dann wird das Getränk kaltgestellt oder über Eiswürfel in Gläser gegossen.

Honig-Glühwein

Eine Flasche roter Traubensaft, 200 Gramm Honig, etwas Zimtrinde und einige ungespritzte Zitronenscheiben werden bis zum Sieden erhitzt. Dann werden die Gewürze herausgenommen. Der Honig-Glühwein muß heiß serviert werden.

Honig mit Lindenblüten-Tee

Heißer Lindenblüten-Tee mit Honig ist ein altes Hausmittel, wenn die ersten Anzeichen einer Erkältung auftauchen.

Honig-Kaffee

Heißer schwarzer Kaffee wird mit Honig und Zitronensaft gewürzt. Dieses Getränk bringt Ihren Kreislauf kräftig in Schwung!

Honig-Limonade

Mischen Sie ein Glas Mineralwasser mit einem Eßlöffel voll Honig und zwei Teelöffeln Obstessig. Diese wohlschmeckende Limonade ist reich an Vitaminen und Spurenelementen!

VI.
Vor diesen Blüten müssen Sie sich hüten

Giftige Blumen

Die Erde ist immer noch ein großer Garten, von dessen Früchten die Menschen leben. Noch sind längst nicht alle Wunder des Pflanzenreiches entdeckt. Oft ist das Wissen um die Geheimnisse der blühenden Flora wieder in die graue Vergessenheit zurückgesunken.

»Wer Augen hat zu sehen und wer Ohren hat zu hören«, der kann auf alten Pfaden wieder auf die Suche gehen und versunkene Schätze heben. Aber der Weg zu den Geheimnissen der Blumen führt nicht rückwärts, sondern nach vorn. Altes Wissen und neue Erkenntnisse müssen sich verbinden.

Wenn Sie wache Sinne haben und wenn Sie sich behutsam mit den vielen wunderbaren Eigenschaften der Blumen vertraut machen, dann werden diese schönen Geschöpfe der Natur wie Lebensgefährten für Sie werden.

Viel Gutes haben diese schweigenden Lebewesen Ihnen zu geben, wie Sie bereits aus den vorangehenden Kapiteln gelernt haben. Aber leichtsinnig darf man im Umgang mit der Natur nicht werden. Das Paradies haben wir schon lange verloren. Und selbst an diesem Ort der Seligen gab es einen Baum, dessen Äpfel zwar wunderschön anzuschauen waren, in denen aber dennoch das Verderben lauerte.

So ist es auch bei den Blumen. Manche von ihnen verbergen hinter einer verlockenden Gestalt ein heimliches Gift. Überall auf der Welt gibt es Blüten, vor denen Sie sich hüten müssen. Paradoxerweise sind gerade solche Giftblumen oft außerordentlich wirksame Heilpflanzen. Aber ihre Inhaltsstoffe müssen sehr vorsichtig dosiert werden. Es muß den pharmazeutischen Fabriken, Apothekern und Ärzten vorbehalten bleiben, Giftpflanzen in der richtigen Dosierung zum Wohl der Menschen einzusetzen.

Dennoch wird es gut sein, wenn Sie am Schluß unserer Streifzüge durch das Blumenreich auch einige wichtige Giftpflanzen kennenlernen. Im Menschenleben gehen die größten Schurken oft in eleganter Verkleidung umher. Niemand sieht ihnen an, welche Bosheiten sie unter angenehmen Umgangsformen verbergen. Auch die giftigen Blumen locken mit schillernden Farben oder feinen Düften. Aber wer sie kennt und ihr Wesen durchschaut, für den verlieren sie jeden Schrecken.

Gefährlich und giftig sind Pflanzen und Blumen ja auch nur, wenn sie von unwissenden Menschen zu falschen Zwecken verwendet werden. Der hochgiftige Eisenhut ist nicht gemein und niederträchtig, er stellt keine hinterhältigen Fallen, um jemanden umzubringen. Tiere werden im allgemeinen von ihrem Instinkt gewarnt und rühren Pflanzen, die ihnen schaden können, nicht an. Die meisten Menschen haben dieses alte Gefühls- und Erfahrungswissen längst verloren. Selten füllt aufgeklärte, wissenschaftliche Kenntnis der Natur diese Lücke aus. So kommt es, daß Pflanzen in Verruf geraten, wo eigentlich nur menschliche Unwissenheit Schaden anrichtete.

Der rote Fingerhut tut niemandem etwas zuleide, der ihn in Ruhe läßt. Wer aber seine gefährlichen Substanzen genau kennt, der ist in der Lage, eines der wirksamsten Herzmittel, das wir kennen, aus der Pflanze zu gewinnen. Dann wird die »Giftpflanze« zum Wohltäter.

Die Abwertung, die wir einer Blume durch die Bezeichnung »giftig« zufügen, ist eigentlich sehr ungerecht. Im unermeßlich großen, komplizierten Gefüge der Natur hat jedes lebendige Wesen seinen Platz und seine Funktion. Nur der Mensch ist in der Lage, die unendlich feinen Zusammenhänge zu stören und Dummheiten anzurichten.

Ein kleiner Spaziergang durch den »Giftgarten« vor Ihrer Haustür soll Sie also nicht in Angst und Schrecken versetzen; er soll Ihnen im Gegenteil zeigen, daß alle Blumen auf ihre Weise einstimmen in die »Gesänge der Kräuter zu Gott«–wie es in einem alten Buch heißt. Es liegt an uns, sie richtig zu verstehen.

Deshalb soll nach der Begegnung mit wohlschmeckenden und heilsamen Blumen, nach dem Genuß von Blütenwein und Zuckerrosen gerade über dem Kapitel der Giftblumen der geheimnistiefe, uralte Spruch stehen:

»Tausend Quellen öffnen sich dem Dürstenden in der Wüste.«

Schon Anfang des sechsten nachchristlichen Jahrhunderts beschrieb Pedanios Dioskurides in seinem byzantinischen Bildherbar zwei »Hexenkräuter«: »Strychnos megas kepaios« (schwarzer Nachtschatten) und »Akoniton eteron« (Eisenhut oder Wolfskraut).

Eisenhut
(Aconitum napellus)

Der blaue Eisenhut wächst in vielen Gärten als gezähmte Blütenstaude. In den Mittelgebirgen und in den Alpen gedeiht noch der echte wilde »Sturmhut«. Viele Namen gab der Volksmund dieser Pflanze mit den schönen, eigenartig geformten Blüten: »Blaumützen«, »Duwenkutschen«, »Fischerkip«, »Pantöffelchen«, »Großmodders Mütz«, »Venuswägelchen«, »Arche Noahs«, »Der lieben Frau Federschuh« und noch viele andere. Diese poetischen Umschreibungen täuschen ein wenig darüber hinweg, daß der Eisenhut sehr gefährlich ist – »dieweil dies Kraut vor allen das ärgste Gift ist«.

Dies wußte auch Matthiolus, der vom »blaw Eisenhüttlein« eine grausame Geschichte erzählt.

»Will allhie eine Historie erzehlen, die ich selbst zu Prag gesehen hab im tausend funfhundert ein und sechszigsten Jahr allein auß der Ursachen, so etwa jemandem das Kraut fürkeme, er sich wisse davor zu hüten.«

Er erzählt dann weiter, wie Seine Großfürstliche Durchlaucht, Erzherzog Ferdinand, ein schauriges Experiment durchführen ließ. Er besaß »ein berümbt pulver wider allerley Gifft«. Dieses Pulver hatte er schon einmal an einem zum Tod verurteilten Verbrecher erprobt. Der Mann bekam zuerst Arsen, das ihn eigentlich rechtmäßig vom Leben zum Tod befördern sollte. Anschließend gab man ihm auch von dem »Wunderpulver«. Der Übeltäter überlebte und wurde so gerettet und freigelassen.

Daraufhin wollte der Erzherzog probieren, ob sein kostbares Mittel auch stärker sei als der Eisenhut. Er suchte einen Dieb aus, der am nächsten Morgen gehängt werden sollte. Das

Experiment auf Leben und Tod begann aufs neue. Kräutersammler holten »Napellum auff dem Behmischen Gebirge, zwo Meil wegs von dem Stättle Hohenelb genannt; da selbst wechst diß ertzgifftige Kraut in großer Menge. Von der Wurtzel nam man ein quentle schwer, zu pulver gestoßen und mit Rosenzucker vermischt. Solches gab der Scherge im beywesen Kayserlicher Majestät und Fürstlicher Durchlaucht, Doktoren und andrer Namhaftiger Leuth, dem starken jungen Mann«.

Als sich nach einer halben Stunde noch keine Wirkung zeigte, meinte einer der »Doctores, es würde der Behmische Napellus nicht so hefftig oder kräfftig sein, dieweil das Behmerland nicht so warm gelegen sei, als die frembden Länder«.

Sie glaubten, die Wurzel hätte vielleicht schon zuviel Kraft verloren, weil die Pflanze schon abgeblüht war und Samen getragen hatte. Deshalb gab man dem armen Sünder noch einmal ein halbes Quentlein »der blumen und bletter beyders zusammen zu stoßen und dem armen Sünder über das forig mit Rosenzucker einzugeben. Nach zwei Stunden klagte er, der gantze Leib wer im müde, darzu das Hertz schwer und matt, doch redete er mit guter Bescheidenheit und stark und sahe sich frisch umb«.

Erst als die umstehenden Ärzte merkten, daß der Puls immer schwächer wurde, gab man ihm endlich das zu erprobende Wunderpulver. »Jetzt fing das Gift mit der Artznei sich schaurig an zu balgen. Doch vergeblich, das gewaltig tödliche Napellus brachte ihn in Kurtzem zum Sterben.«

Matthiolus fügt hinzu, das sicherste Gegengift sei eine Feldmaus, die den Eisenhut abnage. Er habe selbst schon einmal eine solche Maus in der Gegend von Trient gefangen. Dies sei aber sehr schwierig.

Die grausame Geschichte des Kräuterkenners Matthiolus ist nicht übertrieben. Der Eisenhut gehört zu den giftigsten Pflanzen, die wir kennen. Selbst in der heutigen Medizin wird er nur in äußerst vorsichtiger Dosierung benutzt. Vermischt mit anderen Substanzen ist Aconitum in manchen Hustensäften enthalten. Auch bei Neuralgien wird der Eisenhut verwendet.

Lassen Sie ihn lieber stehen, wo er steht. Ein solches Gift sollten Sie sich trotz seiner schönen Blüten nicht einmal in einen Blumenstrauß mischen. Seien Sie auf der Hut – vor dem Eisenhut.

Roter Fingerhut
(Digitalis purpurea)

In ganz Europa, aber auch in Asien, wächst der rote Fingerhut. Er liebt Urgestein, und Sie werden ihn besonders in den Mittelgebirgen finden – auf Kahlschlägen und an steinigen Waldhängen.

Geheimnisvoll leuchten die roten Blütenglocken im Sommer zwischen den Baumstämmen. In Wales nennen die Bauern sie »Menyg-Ellylon«, das heißt Elfenhandschuh. Die Sage erzählt, daß diese Waldblume eng mit der Geisterwelt verbunden sei. Wenn ein überirdisches Wesen vorübergehe, grüßen die »Elfenhandschuhe« sie mit einem anmutigen Neigen des Blütenstengels.

Achten Sie einmal darauf, wenn Sie auf einem Waldspaziergang eine »Versammlung« von Fingerhüten sehen, die sich im warmen Sommerwind leise bewegen. Vielleicht ist es gerade der Augenblick, in dem ein unsichtbarer Elfengeist vorübergeht...

Auch die vielen anderen volkstümlichen Namen des Fingerhutes lassen erkennen, wie sehr sich die Phantasie der Menschen mit diesen Blumen beschäftigte: »Fuchsglocken«, »Giftglocken«, »Handschuhblume«, »Marienhandschuh«, »Teufelsglocken«, »Rote Totenglocken«, »Waldschelle«. – Ganz deutlich klingt durch diese Namen auch die Furcht vor dem Gift, das im Fingerhut verborgen ist. Diese Tatsache muß schon lange bekannt gewesen sein, denn in der Volksheilkunde wird die Pflanze nicht verwendet.

In der modernen Medizin spielt die Digitalis dagegen eine wichtige Rolle. Erst 1775 erkannte der englische Arzt Withering in Birmingham, daß ein Tee aus den Blättern des Fingerhutes ein gutes Mittel gegen Wassersucht war. Er verwendete dieses neue Heilmittel aber nur bei armen Leuten, weil er das Gift der Pflanze fürchtete. Erst der Großvater Darwins, der zur gleichen Zeit einer der berühmtesten Ärzte Englands war, überredete ihn, auch wohlhabende Kranke mit Digitalis zu behandeln. Der Erfolg war groß.

Präparate aus den Blättern des Fingerhutes werden auch heute noch sehr oft in der Medizin verwendet. Sie gehören zu den bekanntesten Herzmitteln, sind aber streng apothekenpflichtig und dürfen nur nach ärztlicher Anweisung genommen werden.

Die eigenartigen roten Glocken des Fingerhutes werden in der Medizin nicht verwendet. Wenn Sie vorsichtig damit umgehen, können Sie sich ruhig einmal einen sommerlichen Strauß davon pflücken und ins Zimmer stellen. Lassen Sie sich dazu die Geschichte erzählen, wie der Fingerhut zu seinen Fingerhüten kam. Louis Liger erzählte sie in seinem 1716 erschienenen *Historischen Blumengärtner*:

»Als Juno eines Tages nicht wußte, wo sie sich sollte eine beliebte Zeit-Verkürzung machen, fienge sie Tapeten an zu nähen und nahm nach Art der Näherinnen einen Fingerhuth, damit sie sich die Finger mit der Nähnadel nicht möchte verletzen.

Man weiß aber nicht eigentlich, durch was vor eine lustige Begebenheit sie den Fingerhuth auf die Erde verschüttete; einige sagen, daß Jupiter bey der Lust ihrselben genommen und weggeworffen; andere wollen behaupten, Momus habe so lächerliche Begebenheiten erzehlet, daß Juno in dem allzu starcken Lachen die Arme und Hände so starck bewegt, daß er abgefallen. Es mag aber sein, wie es will, der Fingerhut lag auf der Erde.

Juno wurde über den abgefallenen Fingerhuth ganz verdrüßlich und so unwillig, daß alle anwesenden Gottheiten sie verließen. Jupiter aber versprach ihr, damit er sie einigermaßen zufriedenstelle, diesen vom Himmel auf die Erde gefallenen Fingerhuth in eine Blume zu verwandeln, welches er auch zu Werck richtete, und der Blume sowohl die Gestalt, als den Namen eines Fingerhuths gab.«

Maiglöckchen
(Convallaria majalis)

Wer kennt sie nicht, die »holtseligen Mayenblümlin«, die mit ihren weißen duftenden Glöckchen den Höhepunkt des Frühlings einläuten?

In einer alten Geschichte wird von der Liebe des launischen, sprunghaften Frühlings zum kleinen Maiglöckchen erzählt. Aber der Blumenliebhaber verweilte nur kurze Zeit bei dem lieblichen Waldblümchen, dann machte er sich aus dem Staub und überließ es dem heißen Sommer, der bald auf seinen Spuren folgte. Da fielen die weißen Glöckchen ab vor Gram,

Van Meybloemen. Cap. LXXXVIII.

Ephemeron. Meybloemen.

C Die plaetse daert wast.

Meybloemkens hebben haer wooninge in bosschen ende in plaetsen daer vel lomber is.

Den tijt.

In den Mey brengt dit cruyt sijn lieflijcke welrieckende bloemkens/ende sij vergaen wederom snellic/ende vallen af. Ende in Julio daerna so brenghet sijn vruchten/te weten/die roode besikens/als boven verclaert is.

Natuer ende complexie.

Dit cruyt heeft een ghemengde complexie/te weten van repelleré ende van verdeylen. Want die wortel abstringeert ende trect te samen. Ende de bloemen eñ bladeren die discutieren/want sij sijn bitter/gelijckmen wt sijn operatie wel merckende is.

Cracht ende operatie.

D De wortel gesoden ende dat water daer af in den mondt ghehouden/doet den tantsweer vergaen. De bladeren siedtmen in wijn/eñ men leytse op sweeringen daer noch geen etter in en is/want sij doen die verdwijnen. Dat sap wten bloemen gheperst/is goet ende crachtich om dat herte/de herssenen ende lever te confortteren ende te stercken. Ende veel meer dat geheel cruyt met bladeren/bloemé eñ wortelen/gesoden eñ gedroncken. Ende wort sonderlinge geveseert tot onmacht/swijmeringhe/eñ vallen de siecte. Men seyt dattet ooc beweart voor Lazerie/alsmet in dé eersten alle daghe vseert. Dat sap is ooc wtnemende goet tot den oogen/want het verclaert dat ghesichte/en de verdrijft de donckerheyt.

Maiglöckchen.
Aus einem Nachdruck des Kräuterbuches von Leonhard Fuchs, 1549.

und an ihrer Stelle quoll das Herzblut des Maiglöckchens aus dem Stengel und blieb wie rote Tränen daran hängen.

Diese roten Kügelchen enthalten blaue Samenkörner. Erstaunliche Farbenvielfalt steckt in dieser kleinen Pflanze, die den Waldschatten liebt und doch mit jedem weißen Blütenglöckchen sich dem Licht zuwendet. Dadurch wird der zarte Stengel so sehr einseitig belastet, daß er sich biegen muß unter dem Gewicht der sonnenhungrigen Schattenblume.

Seltsame, gegensätzliche Kräfte scheinen in dieser zarten, duftenden Blume gleichzeitig zu wirken. Sie wurde in der Volksheilkunde verwendet, obwohl sie giftig ist. Schon im Mittelalter wußte man das Maiglöckchen als Herzmittel zu verwenden, denn es »vertreibt auch das Stechen um das Herz«.

Auch in der modernen Medizin behauptet das Maiglöckchen seinen Platz als Herzmittel. Als Hausmittel darf es nicht mehr verwendet werden, weil der hohe Giftgehalt ein zu großes Risiko bedeutet. Der Arzt verschreibt Maiglöckchen-Präparate vor allem bei Herzrhythmusstörungen.

Aber die duftenden Maienblumen wurden zu allen Zeiten auch von den Liebenden bevorzugt. Man nannte sie »Maischellchen«, »Haselöhrken«, »Schneetropfen« und »Maililien«.

»Wer sein lieb mit freuden anefahet, und er hofft noch große Freude zu entphaenn, der sollt mayblumen tragen.«

Tun Sie es ruhig dem Minnesänger gleich – ob jung oder schon älter verliebt, zum Mai gehört ein Maiglöckchensträußchen!

Herbstzeitlose
(Colchicum autumnale)

Die »Nackte Jungfer« oder die »Dame sans chemise« (Dame ohne Hemd) ist eine seltsame Blume, deren Lebensrhythmus allen Blütengesetzen zuwiderläuft. Die Herbstzeitlose blüht im Herbst, wird im Winter befruchtet, treibt im Frühling erst Blätter und überrascht zu Beginn der Vegetation mit reifen Samenkapseln.

Kein Wunder, daß sich um diese eigenartige Blume, die die Jahreszeiten auf den Kopf stellt, viele Zaubergeschichten ranken!

Medea soll in alten griechischen Zeiten einen Zaubertrunk gebraut haben, der alte Menschen verjüngen sollte. Neun dunkle Nächte lang wanderte sie durch unwegsames Gebirge und sammelte geheimnisvolle Hexenkräuter. Als das Wundermittel fertig gemischt war, fielen ein paar Tropfen aus Versehen auf die Erde. An dieser Stelle erblühten spät im Herbst die seltsamen Krokusse, die mit zartlila Schönheit lockten, aber im Herzen ein gefährliches Gift verbargen.

In der Walpurgisnacht – so erzählte man sich schaudernd – tanzten die Hexen auf den Kreuzwegen und sammelten anschließend auf den Waldwiesen die Blattspitzen der Herbstzeitlosen. Daraus mischten sie einen giftigen Hexensalat, mit dem sie Menschen und Tiere umbrachten.

Die Tiere spüren mit ihrem Instinkt noch die Gefährlichkeit der Pflanze und meiden sie. In den volkstümlichen Namen kommt sehr deutlich zum Vorschein, wie wenig beliebt die seltsame herbstliche Blütenpracht bei den Bauern war. Man nannte sie: »Bauernfeind«, »Bauernärger«, »Herbstblume«, »Kuhschlutten«, »Lausblume«, »Viehgift« und »Wiesensafran«.

Die Herbstzeitlose enthält in allen Pflanzenteilen das Alkaloid Colchicin, das stärkste Mitosegift, das wir kennen. In medizinischer Dosierung wird der Herbstkrokus gegen Gicht und Rheuma eingesetzt.

Im übrigen kann man nur den ganz wörtlichen Rat geben: Finger weg von der Herbstzeitlose!

Rainfarn
(Tanacetum vulgare)

Der Rainfarn hat viele gute Namen auf dem Land: »Wurmkraut«, »Viehwermut«, »Kraftkraut«, »Heilwurz« und »Muttergotteskraut«. Man müßte daraus eigentlich schließen, daß diese Pflanze, die an Wegrändern, im Ufergebüsch und an Böschungen zu finden ist, ein beliebtes Heilkraut sei. Es ist richtig, daß der Rainfarn ein altbekanntes und auch zweifellos sehr wirksames Mittel gegen Spul- und Madenwürmer ist. Aber das ätherische Öl der Pflanze enthält bis zu 70 Prozent Tujon und ist sehr giftig. Deshalb sollten Sie nie auf eigene Faust mit diesem Heilkraut herumexperimentieren. Es darf nur unter der Aufsicht eines Arztes benutzt werden.

Der Rainfarn ist ein gutes Beispiel dafür, wie nahe Segen und Verderben in der Natur beieinanderliegen können. »Auf die Menge kommt es an«, sagte schon Paracelsus.

Wer Heilpflanzen sammelt, braucht aber auf diese hübsche ausdauernde Staude nicht zu verzichten. Der Rainfarn mit seinen ausdrucksstarken, farnähnlichen Fiederblättern und den goldenen Blütenknöpfchen ist eine dankbare Gartenpflanze, die lange blüht. Nur ihr Geruch ist ein wenig streng und kampferartig. Aber Sie müssen ihn ja nicht unter das Schlafzimmerfenster pflanzen.

LXII   Contrafayt

Chriſtwurtz: oder
Nyeßwurtz.
Von ſeinem Nammen.

Hriſtwurtz würt vff Kryechiſch genent Helleborus/ vff Latin Veratrum/ vnd bey etlichen Teütſchen Chriſtwurtz/ von den anderen Nyeßwurtz/ vnd Leüßkraut.

Wohár jm ſein nammen komen.

Würt genent Chriſtwurtz/ darumb das ſein blům/ die gantz gryen iſt/ vff die Chriſtnacht ſich vff hůt/ vnd blůet. welches ich auch ſelb wargenommen vnd geſehen/ mag für ein geſpötte haben wer do will. Nyeßwurtz darumb/ das ſye puluerizíert/ macht nyeſen.

Christrose.
Aus dem *Contrafayt Kreüterbuch*, 1532.

Christrose
(Helleborus niger)

In den Voralpen und im Apennin wächst sie noch wild, die Christrose, auch »Schneerose« oder »Nieswurz«. Im Altertum war sie wohl noch weiter verbreitet und außerdem bei den Ärzten weithin berühmt. Nach einer alten Sage soll der griechische Arzt Melampos mit der schwarzen Nieswurz die rasenden Töchter des Königs von Tiryns vom Wahnsinn geheilt haben.

Horaz zählte auch den Geiz zu den Anzeichen des Wahnsinns und schlug vor, die Geizhälse reichlich mit Christrosen zu versorgen. Bei den Römern gab es ein Sprichwort, das allgemein gebraucht wurde:

»Helleboro opus habet.« Das bedeutete: »Er hat Nieswurz nötig! – Es fehlt ihm an Verstand!«

Hippokrates dagegen benutzte die Pflanze als Brech- und Abführmittel. Diese weitverbreitete Anwendung der Nieswurz ist eigentlich sehr erstaunlich; denn sie enthält zwei sehr giftige Glykoside, das Helleborin und das Helleborein. Diese Gifte können durch Herzlähmung zum Tod führen und sind nur schwer dosierbar. Anscheinend beherrschen die alten Ärzte die richtige Dosierung genau.

Auch aus neuerer Zeit wird von Heilerfolgen bei Wahnsinnigen durch die Nieswurz berichtet. Karl Stauffer schrieb darüber in seiner *Klinischen homöopathischen Arzneimittellehre*.

Im Mittelalter gingen die Beschreibungen der Christrosen wild durcheinander. Es ist kaum noch herauszufinden, wann Helleborus niger gemeint war und wann Veratrum album, der weiße Germer, dessen Wirkung sich tatsächlich auf das Hauptnervensystem erstreckt. Wie dem auch sei, der große Arzt Paracelsus hielt sehr viel von der Nieswurz, in der er »ein besonderes Geheimnis der Natur erblickte, das nicht genommen werden kann«. Nebenbei wetterte er gegen die »Humoristen Ärzte, die sich der natürlichen Secreten nichts achten sondern ir unergründen Theoretic«. Wegen solcher Theoretiker sei das gute Heilkraut in Vergessenheit geraten. Und dann beschreibt er sehr anschaulich, was man alles damit erreichen kann:

»Das ist aber bei meinen Zeiten mir eingedenk, das von viel Personen gebraucht ist worden, die gar flüssig, rotzig, mastig und pluterdellig gewesen sind... Und habent eingenommen auf einmal alle morgen teglichen bis auf das 70 jar ein halb quintlein, darnach von dem 70. auf das 80. am andern tag ein halb quintlein, von dem 80. bis auf das end am 6. tag ein ganz quintlein.«

Daß es dennoch um die Christrose nicht ganz geheuer war, zeigen die zauberischen Vorschriften, die derjenige beachten mußte, der sie aus dem Garten holen wollte. Er mußte einen Kreis um die Pflanze ziehen, sich mit dem Gesicht gegen Morgen wenden und beten. Wehe, wenn ein Adler zur gleichen Zeit vorüberflog! Dann mußte der Nieswurzel-Gräber noch im selben Jahr sterben!

Konrad von Megenberg schrieb vor: »Die es samnet [sammeln], die muezent sich fleizen, daz sie for [vorher] Knoblauch ezzen und starken Wein trinken, darumb daz ez in nicht schaden pring.«

Die porzellanzarten Blüten der Christrosen zeigen sich oft schon um die Weihnachtszeit rosa-weiß oder grünlich überhaucht. Dieses Blütenwunder können Sie sich mitten im Winter ins Zimmer holen – ohne einen Zauberkreis und ohne Knoblauch. Christrosen in der Vase schaden niemandem. Aber Sie sollten es auch bei dieser Verwendungsart belassen.

Schierling
(Conium maculatum)

In den gemäßigten Zonen wächst an Bach- und Teichufern der wilde Schierling. Er wird bis zu zwei Metern hoch, hat zartgefiederte Blätter und weiße Doldenblüten. In diesen Blüten ist wie auch in der ganzen Pflanze das Alkaloid Coniin enthalten. Schon 0,15 bis 0,2 Gramm dieses Giftes wirken tödlich.

Die Gefährlichkeit des Schierlings war zu allen Zeiten bekannt – von der Antike bis zur Zeit des nachstehend zitierten Chronisten aus dem 17. Jahrhundert:

»Der Schierling kühlet über die maßen sehr, ist derhalben ein gantz schädlich und tödlich Kraut, so man es innerlich gebraucht. Trägt billich den namen Wüterich, dann die Athenienser haben den Philosophum Sokrates mit Schierlingssaft getötet.«

Das Trinken »des Schierlingsbechers« war in Athen die Todesstrafe für politische Verbrechen.

Ende des 16. Jahrhunderts erzählt der Kräutervater Hieronymus Bock eine weniger tragische Geschichte von einem ansonsten »ehrlich Weib«, das eines Tages aus Versehen Schierlingswurzeln zusammen mit »Pestnacken« (Pastinaken) gekocht und diese Mischung auch gegessen hatte. Sie begann »doll und drunken zu werden, begerte über sich zu steigen und zu fliegen«.

Ungefährlicher scheint der Schierling für die Tiere zu sein. Kröten wohnen angeblich gern zu seinen Füßen, Ziegen fressen das giftige Kraut mit Wohlbehagen. Es schadet ihnen nicht. Auch die Esel knabbern manchmal am Schierling. Über die Wirkung dieser Mahlzeit erzählt Tabernaemontanus eine tragikomische Geschichte:

»In der Landschaft Toscana in Italien, so die Esel vom Schierling essen, fallen sie umb und schlaffen so hart, als wären sie todt. Es hat sich auf eine Zeit begeben, daß etliche Esel auff dem Feld also für todt gelegen sind. Da solches etliche Bauren wargenommen und vermeynet, die Esel wären gestorben, haben sie ihnen die Haut abziehen wollen. Aber sie nun dieses schier halb vollendet, erwachten die Esel von Schmertzen und die Bauren erschraken sehr.«

In der modernen Homöopathie wird der Schierling für verschiedene Arzneien verwendet, z. B. für entzündungshemmende Salben. Es gibt viele Gewächse in der umfangreichen Familie der Doldenblütler, die dem Schierling ähnlich sehen. Brechen Sie deshalb lieber keine weißen Schirmblüten ab, die an feuchten Stellen sprießen. Kinder, die so schnell alles in den Mund nehmen, sind besonders gefährdet durch die hochgiftigen Blumen, die äußerlich so harmlos aussehen!

Goldregen
(Laburnum)

Im Mai blüht in vielen Gärten ein baumartiger Strauch, der über und über mit goldgelben Blütentrauben bedeckt ist: der Goldregen. Er ist so bekannt und verbreitet, daß man sich zunächst gar nicht vorstellen kann, daß diese Frühlingspracht hochgiftig sein soll. Aber es ist nur zu wahr, daß die Blüten und vor allem die Samen das Alkaloid Cytisin enthalten. Und leider ist es auch wahr, daß Kinder durch den Genuß dieser behaarten Samen schon den Tod gefunden haben.

Der tödliche Blumenregen kann vor Ihrer Haustür oder an Nachbars Zaun wachsen. Freuen Sie sich nur von ferne daran und warnen Sie die Kinder!

Oleander
(Nerium oleander)

Schon der Familienname mahnt zur Vorsicht: Der Oleander gehört zu den »Hundsgiftgewächsen«. Im ganzen Mittelmeerraum bis nach Nordafrika, Syrien und Mesopotamien wächst der mächtige holzige Strauch wild. Seine festen ledrigen Blätter ähneln entfernt dem Lorbeer; die weißen, rosigen und roten Blüten erinnern ein wenig an einfache Röschen. D'Annunzio schrieb wohl deshalb: ». . . die Oleander, zweifacher Natur, vereinen Rosen und königlichen Lorbeer.«

Viel älter sind die Verse aus dem 137. Psalm, in dem die Juden Klagelieder singen, weil sie in der Gefangenschaft schmachten müssen, fern vom Land ihrer Väter. Voller Trauer legten sie ihre Instrumente beiseite: »Unsere Harfen hingen wir in die Weiden, die daselbst sind.«

Heute glaubt man, daß diese »Weiden« Oleander waren, die, damals wie heute, an den Flüssen Babylons wuchsen.

In den europäischen Gärten ist der Oleander längst zu einer beliebten Kübelpflanze geworden. Aber auch seine rosigen Blüten sind giftig wie die ganze Pflanze. Oleander enthält ein Gift, das dem des Strophantus ähnelt und Herzlähmungen hervorrufen kann.

In Spanien brieten Soldaten aus Napoleons Armee Fleisch an Oleanderholzspießen. Sie mußten dieses Mahl mit dem Leben bezahlen.

Vor ein paar Jahren konnte man in einer Zeitung die Notiz lesen: »Auf dem Gardasee sind zwei Schwäne eingegangen; sie hatten Oleanderblätter gefressen.«

Gehen Sie unbedingt vorsichtig um mit diesem schönen Gewächs, das im Sommer auf Ihrer Terrasse oder an einer warmen Hauswand seine Blüten entfaltet.

Seidelbast
(Daphne mezereum)

Früh im Frühling – lange bevor die Blätter sich ans Licht wagen – blüht der Seidelbast in lilaroter Pracht.

Der kleine holzige Strauch wächst in Bergwäldern, auf kalkhaltigen Böden noch wild und gehört zu den geschützten Pflanzen. Er heißt auch »Bergpfeffer, »Brennwurz« und »Hühnertod«.

Die Frucht dieses auch in vielen Gärten beliebten Frühlingsblühers ist sehr giftig; sie enthält das Glukosid Daphnin (Seidelbastbitter).

Im Umgang mit dem Seidelbast machen Sie es am besten wie Karl Heinrich Waggerl. Er war mit der Natur und ihren stummen blühenden Geschöpfen sehr vertraut und wußte, wie man ihre heilsamen Kräfte nutzen kann. Aber im Fall der schönen Daphne meinte er:

> »Wie lieblich duftet uns im März
> der Seidelbast! Doch innerwärts
> ist er voll Gift und Galle,
> weil wir, in diesem Falle,
> das Wunder nur beschauen sollen.
> (Man muß nicht alles kauen wollen!)«

VII.
Unvergänglicher Duftzauber

Unsterbliches Blüten-Seelchen

Was mit Rosenblüten begann, sollte nicht mit Gifttropfen enden.

Viele Geheimnisse, die zwischen Blumenblättern verborgen sind, haben Sie schon kennengelernt. Sie wissen nun Bescheid über Gänseblümchen-Salat und Veilchen-Konfekt. Löwenzahn-Wein, Schlüsselblumen-Likör und Johanniskraut-Tee sind Ihnen nicht mehr fremd. Sie haben erfahren, welche Blumen man als eßbare Dekorationen verwenden kann und wie man sich mit Blütenölen einreibt. Schließlich haben Sie auch noch einen Blick in das Herz der Blumen geworfen, wo Nektar und Honig locken.

Nachdem wir dann auch den »Garten der Gifte« durchstreift haben, bleibt zum Schluß nur noch ein Hauch – der Blumenduft.

Der süße Duft des Jasmins oder der herbe Wohlgeruch der Chrysanthemen erreicht uns auf unsichtbaren Flügeln. Und was wäre ein Sommer ohne Rosenduft? Haben Sie jemals überlegt, was das eigentlich ist, ein Duft?

Sie riechen ihn. Ein Blütenduft weckt Entzücken, Freude, angenehme Empfindungen in Ihnen. Vielleicht rührt er auch an alte Erinnerungen, an längst vergessene Träume.

Aber was ist das – ein Duft?

Etwas Wunderbares. Aber Sie können ihn nicht fassen. Sie können ihn nicht sehen. Er streift Sie wie ein Hauch und weht vorüber, ehe Sie wissen, woher er kam. Der Duft ist das tiefste

Geheimnis der Blumen. Sie lassen uns ein wenig daran teilhaben, aber sie werden es uns nie ganz verraten.

Nicht nur die Poeten bemühen sich seit Jahrtausenden um dieses duftende Rätsel. Auch Paracelsus, der hellwache, mit dem Leben und den Leiden vertraute große Arzt und Naturforscher, schrieb: »Die Kraft, die dem Körper durch den Geruch gegeben wird, bewegt das Blut, reizt das Herz an und erquicket es mehr, als beschrieben werden kann.«

Alte Federzeichnung einer Hochstammrose.

Heilsame medizinische Riechstoffe setzte man damals aus Lilien, Rosmarin, Basilikum, Rosen, Speik, Orangensaft, Muskat und anderen zusammen. Paracelsus glaubte, daß das Wesen der Dinge nicht in den Stoffen liegt. In jeder Pflanze ist eine göttliche Kraft lebendig und wirksam. Es ist die »Quinta essentia«, die Quintessenz – das fünfte Seiende, das Wesen einer Sache, das alle übrigen Kräfte zur Entfaltung bringt.

Die Quintessenz, der göttliche Funke, der das Feuer des Lebens entfacht – das ist ein starkes, strahlendes Bild, das sich Menschen unserer Zeit nur schwer erschließt. Die meisten Zeitgenossen sind zu sehr an die hagere Strichmännchen-Akrobatik des Intellekts gewöhnt.

Wenn die »Quinta essentia« – oder der »Archeus«, wie die göttliche Kraft auch genannt wurde – das tiefste Wesen der Dinge und der Pflanzen ist, dann ist der Duft wohl die Seele der Blumen: Blütenseelen, die niemand je sah, die keine Hand fassen kann und die doch zarte, sanfte, balsamische Wirklichkeit sind.

Wie Sie den Duft des Sommers einfangen können, sei Ihnen ganz zum Schluß verraten. Kein Netz wäre engmaschig genug, um die Düfte von Jasmin und Veilchen, von Septemberrosen und Sommernelken festzuhalten. In einem sehr alten Rezept wurde uns überliefert, wie man dennoch die unsichtbaren Düfte bannen kann – ohne Gewalt, ganz lautlos, im gläsernen Käfig.

Wenn Sie später eines Tages – im Winter – den Deckel öffnen, dann streift Sie ein leiser Hauch von unsterblichen Blütenseelchen. Ihr Zimmer wird tagelang erfüllt sein vom Blumenduft des vergangenen Jahres.

Das Rezept finden Sie in nachstehendem Potpourri.

Potpourri

Schneiden Sie Rosenblüten ab, wenn die Sonne den Tau schon getrocknet hat und der frische Duft sich zu entfalten beginnt. Die Blumen müssen aber noch ganz straff und frisch sein. Zupfen Sie nun die einzelnen Blütenblätter aus den Kelchen – ganz vorsichtig und ohne sie zu drücken. Breiten Sie sie in einem luftigen Raum oder im Freien auf Papier aus und bestreuen Sie sie leicht mit Salz. Sie können dafür ganz verschieden duftende Rosensorten verwenden, wie sie gerade in Ihrem Garten wachsen und blühen oder wie Sie sie auf dem Markt kaufen können.

Ganz nach Ihrem eigenen Geschmack können Sie nun noch kleinere Mengen anderer getrockneter Blüten oder duftender Blätter hinzugeben, zum Beispiel: Heliotrop, Reseda, Jasmin, Nelken, Veilchen, die duftenden Blätter der Zitronengeranien, Verbenen und Rosmarin.

Nun fügen Sie noch je 15 Gramm Nelken, Muskatblüte, Zimt, Nelkenpfeffer und gemahlenen Koriander und Kardamom hinzu. Außerdem je 30 Gramm Storaxöl und Benzoin. Die ganze Mischung wird noch einmal leicht gesalzen.

Achten Sie aber darauf, daß der Rosenduft das Ganze beherrscht. Alle anderen Düfte werden nur als kleine Prise hinzugefügt.

Wenn alle Zutaten gut miteinander vermischt sind, besprengen Sie sie mit ein wenig Cognac. Nun wird das Potpourri in ein Glasgefäß gefüllt und gut verschlossen vier bis fünf

Wochen stehengelassen. Nur ab und zu rühren Sie das Blütenblättergemisch ein wenig um.

Nach ein paar Wochen sind die Düfte fertig konserviert. Sie können je nach Bedarf eine Handvoll Blütenblätter aus dem Glas herausnehmen, in eine offene Schale legen und den Rest weiter verschlossen aufbewahren. Die Blütenblättermischung in der Schale wird wochenlang köstliche Düfte in Ihrem Wohnraum verbreiten.

> Doch zierte dein Glauben, mein rosiges Kind,
> und glänzt dir so schön im Gesichte!
> Es preiset dein Hoffen, so selig und lind,
> den Schöpfer im ewigen Lichte!
> So loben die tauigen Blumen im Hag
> die Wahrheit, die ernst sie erworben:
> solange die Rose zu denken vermag,
> ist niemals ein Gärtner gestorben!
> *Gottfried Keller*

GESUND GENIESSEN

Stephanie Faber
Vollwertig frühstücken
13524

Sigri Sahlin
Trocknen und Dörren
13514

Sybil Gräfin Schönfeldt
Nüsse, Mohn und Mandelkern
10441

Michael Schaeffer
Tee
10448

GOLDMANN

Zeitbewußte Ernährung ohne Fleisch

William Shurtleff/Akiko Aoyagi
Das Miso-Buch
10428

William Shurtleff/Akiko Aoyagi
Das Tofu-Buch
10413

Louise Hagler
Soja total
10465

Trees Laridon/Willy Maes
Makrobiotisch kochen
10301

GOLDMANN

SANFTE KÖRPERERFAHRUNG UND MASSAGE

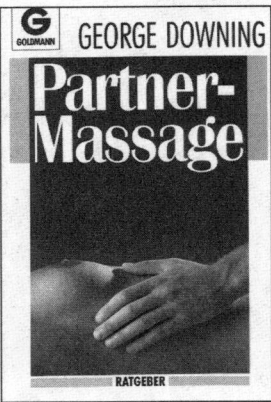

George Downing
Partner-Massage
10742

Peggy Brusseau
Body Love
10477

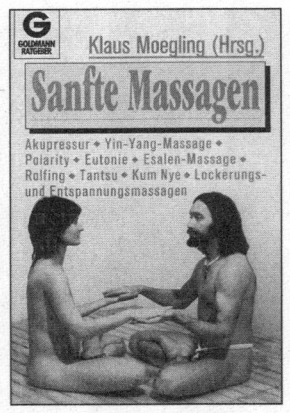

Klaus Moegling (Hrsg.)
Sanfte Massagen
10412

George Downing
Massage und Meditation
10460

GOLDMANN

GESUNDER KÖRPER – GESUNDER GEIST

Mariann Kjellrup
Bewußt mit dem Körper
leben   10304

Louis Proto
Das Energie-Programm
13508

Rolf D. Koll
Grundkurs Bioenergetik
10447

Lautenschläger u. a.
Wellness
10394

Michael Schreiber
Die Kunst des Laufens
10464

Peter Schwind
Alles im Lot: Rolfing
10302

GOLDMANN

Goldmann
Taschenbücher

Allgemeine Reihe
Unterhaltung und Literatur
Blitz · Jubelbände · Cartoon
Bücher zu Film und Fernsehen
Großschriftreihe
Ausgewählte Texte
Meisterwerke der Weltliteratur
Klassiker mit Erläuterungen
Werkausgaben
Goldmann Classics (in englischer Sprache)
Rote Krimi
Meisterwerke der Kriminalliteratur
Fantasy · Science Fiction
Ratgeber
Psychologie · Gesundheit · Ernährung · Astrologie
Farbige Ratgeber
Sachbuch
Politik und Gesellschaft
Esoterik · Kulturkritik · New Age

Goldmann Verlag · Neumarkter Str. 18 · 8000 München 80

Bitte
senden Sie
mir das neue
Gesamtverzeichnis.

Name: _____

Straße: _____

PLZ/Ort: _____